U0936775

“国家文化记忆和传承”
中国的世界遗产记录传播项目

MOUNT WUYI

武夷山

兰思仁 等 编著

人民出版社 | 福建人民出版社

专家委员会

编写组

主编

兰思仁

编写组成员（按姓氏笔画顺序）

王敏华　朱里莹　池梦薇　祁新华　沈员萍　张惠光

陈白璧　林文俊　罗贤宇　修新田　董建文　廖凌云

总　序

正如一棵老树的年轮留下了它成长、生活的所有记录一样，我们生活的地球、我们人类发展到今天，也留下了无数独特的自然遗迹和文化遗存，他们一方面勾勒出苍茫星球和人类文明一路走来的蹒跚足迹，另一方面也揭示了大千世界普遍发展规律从而照亮人类前行方向。他们是历史的见证者，更是未来的指引者，因而对全人类具有极其重要的意义。

1972年，联合国教科文组织颁布了《保护世界文化和自然遗产公约》（以下简称《世界遗产公约》），以共同保护全人类共有的、珍贵的自然和文化遗产。五十年来，世界遗产不仅是一种保护称号，更是作为一种保护、传承、教育和可持续发展的理念而被国际社会广泛接受。如今，已有194个缔约国加入《世界遗产公约》，1154项遗产列入《世界遗产名录》，为识别、保护和保存全人类共同遗产作出了突出贡献。

我国1985年正式加入《世界遗产公约》。世界遗产事业从无到有、从小到大，在世界遗产申报、保护、管理和利用等方面已经取得了举世公认的成就。突出表现在三个方面：

一是遗产数量迅速增加。尽管我们起步晚，但通过积极的申报和有效的组织，我国已有世界遗产56项，数量全球第二。其中文化遗产38项，自然遗产

14项，文化与自然双重遗产4项，成为名副其实的世界遗产大国。

二是遗产类型丰富，反映了我国文明历史悠久、自然条件多样、文化与自然高度融合的资源特点和突出价值。文化遗产包括了文物群、建筑群、遗址全部三大类型，如周口店北京人遗址、良渚古城遗址、安阳殷墟等早期文明遗址，敦煌莫高窟、洛阳龙门、大同云冈、重庆大足等石窟石刻，明清故宫、颐和园、苏州古典园林等建筑、宫殿、园林以及开平碉楼与村落、福建土楼、皖南古村落等乡村聚落等。我们的自然遗产涵盖了美学、地质地貌和生物遗产全部三种类型，既包括不同气候带的代表性自然生态系统，大熊猫、滇金丝猴等濒危珍稀物种栖息地，也包括最具代表性的丹霞、喀斯特、砂岩等地貌类型和古生物化石群地质遗迹，同时还有优美的山岳、湖泊、森林等自然景观。特别需要指出的是，我国的四大文化与自然双重遗产即泰山、黄山、峨眉山—乐山大佛、武夷山，以及杭州西湖、红河哈尼梯田、左江花山岩画等文化景观，科学与美学完美结合，文化与自然交相辉映，彰显了中国自古以来“天人合一”的传统理念，是最具中国特色的遗产类型，极大地丰富了世界遗产本身的概念内涵和价值认知。

三是基于中国国情的有效管理为世界遗产的全球保护提供了中国智慧和中国方案。我国绝大多数遗产地都有社区存在，都有发展需求。为了有效实施遗产保护与区域发展的和谐联动，我国各级遗产管理部门共同努力，不断完善法律法规体系和保护管理机构，加强遗产监测和教育展示，加大社区和公众参与力度，持续提升遗产地能力建设，创造出很多保护与利用相得益彰的遗产地可持续发展模式。如2012年九寨沟获得联合国教科文组织世界遗产中心

“世界遗产可持续发展最佳示范奖”；因其良好的保护管理状况，中国大运河得到2018年世界遗产委员会第42届会议的高度肯定；2021年长城被评为世界遗产保护管理示范案例。通过合作研究、国际会议等，加强和国际组织、其他国家的探索交流，发表了《西安宣言》《黄山宣言》《福州宣言》等一系列具有重要影响力的国际宣言和文件，提高了中国在世界遗产领域的影响力，增进了国际同行对中国世界遗产保护理念、制度、方法和体系的认识和理解，同时为全球世界遗产保护与传承提供了中国智慧和方案，发挥了作为遗产大国应尽的作用。

党的十八大以来，以习近平同志为核心的党中央高度重视我国的世界遗产事业，对世界遗产的保护、传承、管理、利用提出了更高的要求。2014年3月，习近平总书记在联合国教科文组织总部演讲时强调：“我们应该推动不同文明相互尊重、和谐共处，让文明交流互鉴成为增进各国人民友谊的桥梁、推动人类社会进步的动力、维护世界和平的纽带。”2016年7月，习近平总书记就良渚古城遗址申遗作出重要批示，强调：“申报世界文化遗产工作要统筹安排，申报项目要有利于突出中华文明历史文化价值，有利于体现中华民族精神追求，有利于向世人展示全面真实的古代中国和现代中国。”2021年3月，习近平总书记考察世界遗产地武夷山时，强调“武夷山有着无与伦比的生态人文资源，是中华民族的骄傲，最重要的还是保护好”、“要推动中华优秀传统文化创造性转化、创新性发展，以时代精神激活中华优秀传统文化的生命力”。7月，习近平总书记在致中国福州召开的第44届世界遗产大会贺信中指出，“世界文化和自然遗产是人类文明发展和自然演进的重要成果，也是促进不同文明交流互鉴的重要载体。保护好、传承好、利用好这些宝贵财富，是我们的共同责任，是人类文明赓续和世界可持续发展的必然要求。”“中国愿同世界各国和联合国教科文组织一道，加强交流合作，推动文明对话，促进交流互鉴，支持世界遗产保护事业，共同守护好全人类的文化瑰宝和自然珍宝，推动构建人类命运共同体”。8月，习近平总书记考察承德避暑山庄时再次强调，要保护好、传承好、利用好中华优秀传统文化，挖掘其丰富内涵，以利于更好坚定文化自信、凝聚民族精神。我们必须坚决贯彻落实党中央、国务院的决策部署，科学研判遗产发展国内外形势，以国家法律法规为基础，以践行《世界遗产公约》为宗旨，以遗产保护和传承为核心，以遗产区域可持续发展为重点，突出世界遗产的国际性和公益性，推动中国从世界遗产大国向世界遗产强国迈进，让人类共同的财富世代相传、永续利用。

本次出版的“中国的世界遗产”系列丛书，将科学性与趣味性相结合，系统介绍我国各遗产地的突出价值、申遗过程和保护状况。价值阐释可以更清晰地展示该遗产在人类文明史和地球发展史上的突出作用，而申遗过程及保护状况则可以更全面地认识遗产申报的复杂性以及保护的系统性，认识中国政府和人民为遗产保护以及人类命运共同体建设所做的巨大努力，从而更全方位地认识世界遗产的概念、宗旨和作用，增强遗产保护的自觉性，坚定文化自信，建设生态文明，让世界更多地了解中国，让中国更好地走向世界，让我们宝贵的遗产为中国发展助力，为人类文明添彩！

序 言

兰思仁同志和其团队精心编撰的《中国的世界遗产——武夷山》一书即将面世，我愿借作此序的机会表示我真诚的祝贺!

兰思仁同志是国家公园及自然保护地委员会委员、国家文化和旅游部旅游改革发展咨询委员会委员，是我国保护地领域的知名专家。他和他的团队长期以来从事自然保护地领域保护和管理的科学研究工作，先后多次主持国家科技支撑计划项目、国家自然科学基金项目、国家社科基金项目、国家林草公益性行业科研项目等，在遗产地形成规律、评价理论与方法、监测评估、保护与利用、景观规划设计等方面取得了丰硕的研究成果。特别值得一提的是，自2015年国家启动国家公园体制试点工作以来，兰思仁和他的团队对我国国家公园体制建设的有关理论与实践进行了许多有益探索，主持编制了《武夷山国家公园体制试点区试点实施方案》《跨福建江西建立武夷山国家公园可行性研究》《武夷山国家公园体制试点区试点范围优化方案》等，为武夷山国家公园体制试点区试点工作推进作出了积极贡献。2020年，团队还与武夷山国家公园管理局联合组建武夷山国家公园研究院，致力于以高标准建设一个开放性、综合性、高水平的合作研究平台，为武夷山国家公园建设提供坚强有力的科技支撑。

本书是兰思仁和他的团队多年来科研成果的结晶。全书分为“景文万象世遗档案”“物华天宝 遗产价值”“薪火相承 持续发展”三篇，共九章，主要内容包括：

——概述了武夷山世界文化和自然遗产的普遍价值、真实性、完整性以及保护管理概况。

——分析了武夷山丹霞地貌特点及其形成原因，展示了其独树一帜的自然风光。

——研究了武夷山中亚热带典型植被类型，从物种、遗传、生态系统角度展示武夷山显著的生物多样性。

——梳理了闽越王城遗址的考古价值和保护管理。

——梳理了朱子理学在武夷山的萌芽、发展、传承以及名扬四海的历程。

——梳理了武夷山“千载儒释道，万古山水茶”的历史脉络、保护价值。

——概述了武夷山的艺术瑰宝摩崖石刻承载的历史底蕴、遗产价值。

——介绍了武夷山的申遗历程、保护机制的历史演化，以及武夷山作为“双世遗”的国际合作。

——概述了武夷山世界文化和自然遗产的保护新机制及未来发展新征程。

全书有三个鲜明特点：一是学术性。本书详细分析了武夷山丹霞地貌成因、特征和景观特点，深入研究了武夷山典型植被类型和垂直带谱及其显著的生物多样性，认真梳理了闽越王城遗址、摩崖石刻、朱子理学、茶文化历史底蕴和遗产价值，内容有所创新，具有较强的学术性。二是系统性。全书较系统地介绍了世界文化和自然双遗产武夷山概况、申遗历程、突出价值、管理体制机制、社区建设、未来发展，是作者站在新时代背景下对武夷山遗产地建设与发展成就的一次全面梳理与总结。三是科普性。全书内容在学术性的基础上，配置了大量的图片，增强科普性和可读性，让读者在欣赏武夷山神奇的自然景观，感受博大精深的文化的同时，了解武夷山遗产的文化价值、景观价值、科研价值、艺术价值等。

保护世界遗产是人类共同的崇高事业,在相当程度上展示了一个国家文明进步的程度和教育科技文化发展的水平。我国是世界遗产大国，历来重视文化遗产和自然遗产的发掘和保护。保护世界遗产最重要的是全民的积极参与。这就要求我们必须加强对世界遗产的科学研究和教育宣传，呼吁公众正确认识世界遗产的意义和价值，引导公众全面参与保护世界遗产事业，让更多的公众在认知的过程中，主动承担起保护责任与义务，积极加入保护的行列，才能使我国的世界遗产这一宝贵资源世代相承，永续利用。作为“中国的世界遗产”系列丛书的重要组成部分，本书出版的初衷也在此。

总的来说，本书是一部学术性、系统性强，兼具科普性的著作，相信本书定能让读者在深刻感受自然造化的神奇，领略武夷山历史文化魅力的同时，自觉守护好、宣传好武夷山“双世遗”品牌，让武夷山走向世界。

中国工程院院士、北京林业大学教授

2021年6月12日于北京

目　录

第一篇　景文万象　世遗档案

第二篇　物华天宝　遗产价值

第三篇 薪火相承 持续发展

第一篇

景文万象 世遗档案

第一章　遗产概览

武夷山因其积淀深厚的历史遗存、独树一帜的自然风光和突出的生物多样性价值，被列为世界文化和自然双重遗产。得益于其悠久的保护管理历史，武夷山保持着自然生态的完整性和文化遗迹的真实性。与此同时，随着边界北拓至江西，福建与江西两省积极探索双世遗的跨区联合保护，实现了价值同享与生态共赢（图1-1）。

图1-1 武夷山三才峰（摄影：黄海）

1999年，武夷山被联合国教科文组织列为世界文化和自然双重遗产，成为我国四个双遗产之一，世界第23项双遗产。武夷山世界遗产地处福建西北部与江西两省交界处，总面积999.75平方千米，缓冲区面积278.88平方千米。遗产地由4个片区组成，即西部的福建武夷山国家级自然保护区、中部的九曲溪生态保护区和东部武夷山国家级风景名胜区，以及位于东南约15千米处的古汉城遗址保护区。2017年，经第41届世界遗产大会审议批准，江西铅山境内的武夷山列入世界遗产地，总面积扩至1070.44平方千米，缓冲区面积401.7平方千米（图1-2）。

（武夷

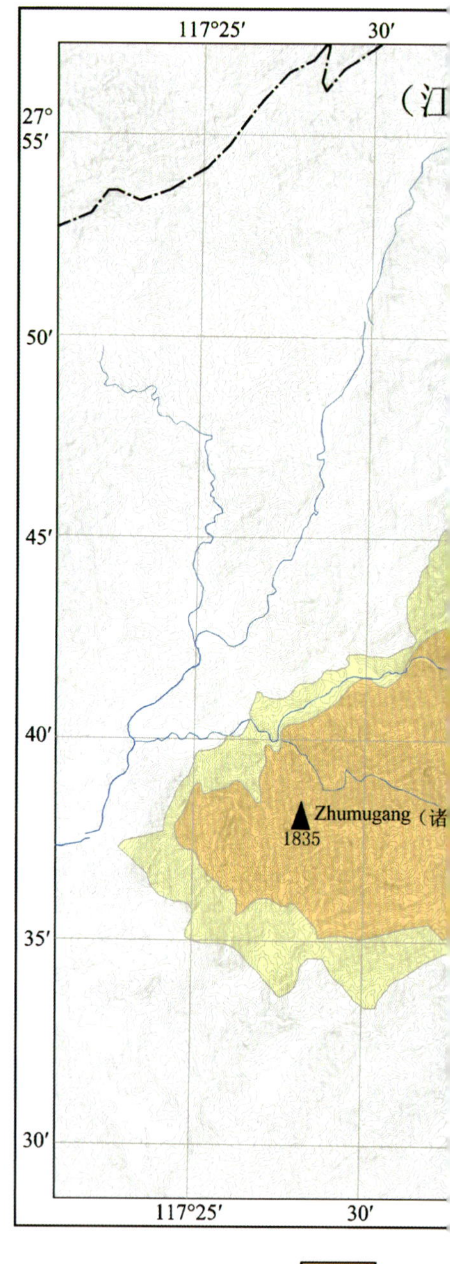

Legend
（图例）

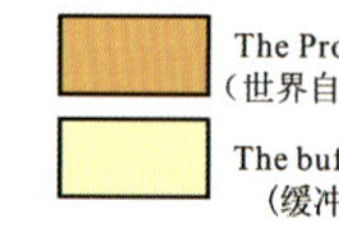

图1-2
武夷山世界遗产范围图（2017）[①]

① 资料来源：世界遗产官网http://whc.unesco.org/en/list/911/multiple=1&unique_number=2245

界自然遗产的修订边界和缓冲区）

ary and Buffer Zone of Mt. Wuyi World Heritage

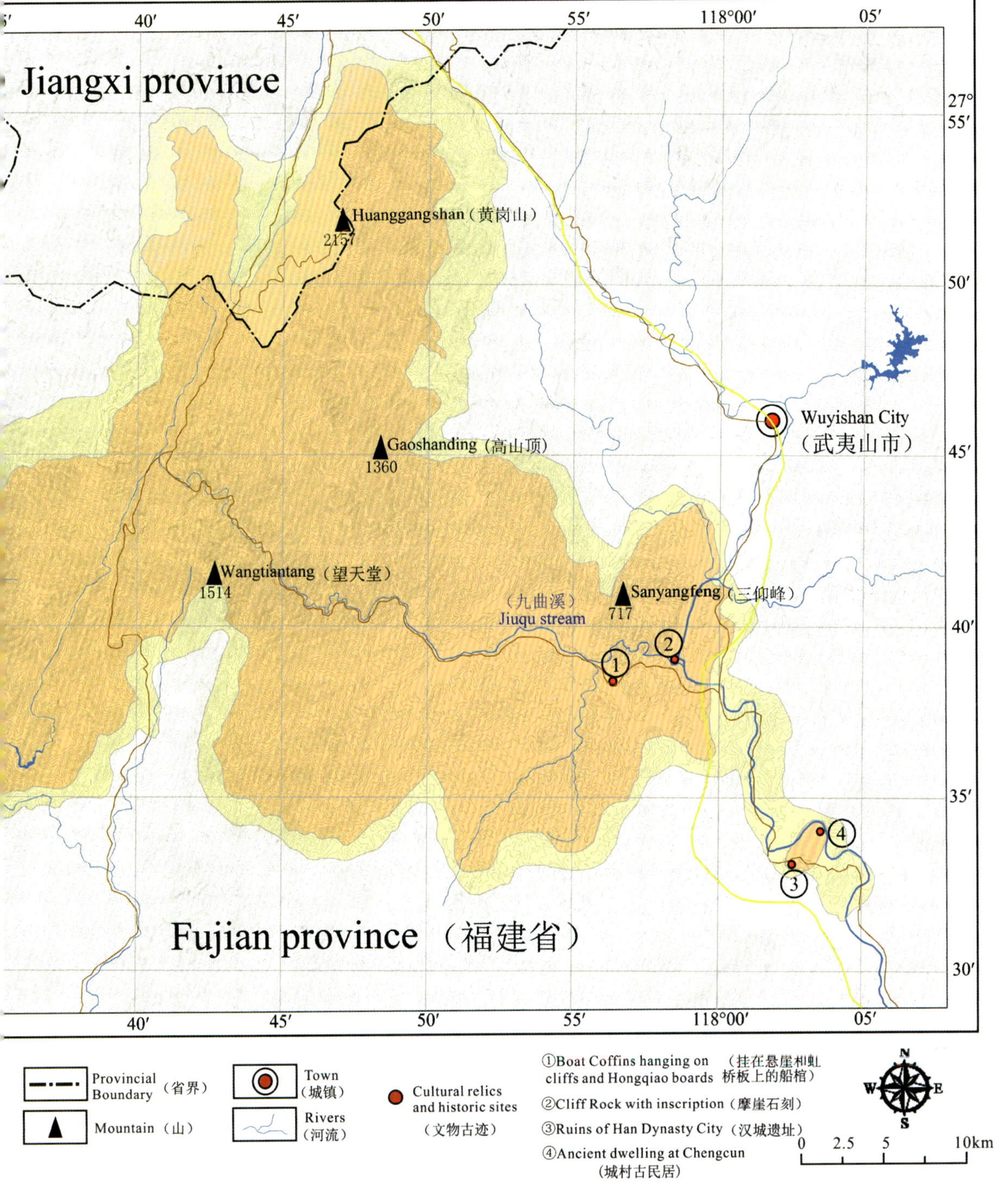

第一节 积淀深厚 价值多元

武夷山符合世界遗产标准（III）（VI）（VII）（X）（表1-1），具有积淀深厚的历史遗存和独树一帜的自然风光，也是世界生物多样性保护的关键地区。

一、积淀深厚的历史遗存

武夷山有着悠久的历史及丰厚的文化遗存，符合世界遗产遴选标准（III）（VI）。

（一）古越文化

武夷山的架壑船棺、虹桥板及闽越王所居的汉城遗址，是消逝三千多年的古闽族文化和闽越族文化传统习俗的独特实物见证。武夷山古汉城遗址是中国东南地区保存最完整的古城遗址之一（图1-3）。

（二）朱子理学

武夷山是朱子理学的摇篮。因朱熹在武夷山生活长达50年之久，长期在此著述讲学，武夷山成为理学名山。武夷山的山间溪畔留下诸多理学文化遗迹，朱子理学和儒家思想的兴衰演变以及中国哲学思想史都极其珍贵。武夷山是中国传统文化的瑰宝，素有“东周出孔丘，南宋有朱熹”“中国古文化，泰山与武夷”之说，由此可见武夷山在中国传统文化中的地位。

表1-1 武夷山符合的世界遗产标准一览表

标准号	世界遗产标准原文	武夷山符合的世界遗产标准描述
标准（III）	能为延续至今或业已消逝的文明或文化传统提供独特的或至少是特殊的见证	武夷山作为一处被保存了12个多世纪的人文景观和历史文化遗存，保留着一系列珍贵的考古遗址和遗迹，包括建于公元前2世纪的汉城遗址、大量的寺庙以及与公元11世纪诞生的朱子理学相关的书院遗址，如考亭书院等
标准（VI）	与具有突出的普遍意义的事件、活传统、观点、信仰、艺术或文学作品有直接或有形的联系	武夷山是朱子理学的摇篮，几个世纪以来，闻名遐迩的朱子理学在东亚以及东南亚国家中占据主导地位，深刻影响世界许多地区的哲学和政治
标准（VII）	绝妙的自然现象或具有罕见自然美和美学价值的地区	武夷山九曲溪（下游）东部景区的地貌奇特壮丽，红砂岩形成了独立的山峰和陡峭的奇岩怪石。九曲溪沿岸的奇峰和峭壁，沿溪流蜿蜒绵亘数十千米，构成一幅精美绝伦的画卷。漫步于古老的悬崖小道，游客可欣赏到溪流气势磅礴且婀娜多姿的“鸟瞰图”
标准（X）	是生物多样性原址保护的最重要的自然栖息地，包括从科学和保护角度看，具有突出的普遍价值的濒危物种栖息地	武夷山是世界上保存最完好、最杰出、最具价值的亚热带森林之一，是中国东南部地区现存面积最大、最完整的中亚热带天然常绿阔叶林生态系统，保留着中国亚热带森林和华南雨林的典型性、多样性和系统性。得益于该地区独特的地理位置和良好的生态环境及气候资源，武夷山成为大量古老、珍稀植物物种的天然避难所，许多物种为中国所特有

图1-3 闽越王城遗址（摄影：郑友裕）

朱熹一生驻足武夷山的时间最长。他从14岁到武夷山，到71岁逝世，除在外为官9年外，均在武夷山度过。朱熹在武夷山治学、著述、授徒；朱子理学在武夷山萌芽、发展、传播。朱熹在武夷山先后创办寒泉精舍、武夷精舍、考亭书院等影响深远的书院，其嫡传弟子有200多人，许多弟子成为著名理学家，形成有巨大影响的儒学学派——理学。在朱熹的影响下，宋元间在武夷山创办书院、传播理学思想的大儒达43位，使武夷山成为“三朝（宋、元、明）理学驻足之薮”（图1-4）。

二、独树一帜的自然风光

武夷山九曲溪景观早已闻名中外，为旅游者所青睐。从自然美学的角度，九曲溪景观属具有突出、普遍价值的天然景观地带，符合世界遗产遴选标准（VII）。

武夷山是“三三秀水清如玉”的九曲溪、“六六奇峰翠插天”的三十六峰九十九岩的绝妙结合，异于一般自然山水，是以奇秀深幽为特征的巧而精的天然山水园林。

图1-4
朱子雕像（摄影：郑友裕）

朱熹
1130—1200

武夷山东部地貌景观奇特优美，区内海拔在1000米以上的高峰有112座。多数峰岩翘首东方，向西倾斜，千姿百态，势如万马奔腾，雄伟壮观。西部的黄岗山是中国大陆东南地区的最高峰，山峻坡陡，层峦叠嶂，气势磅礴。武夷山在山水的结合上，如山之高低、河床宽窄、曲率大小、水流急缓、视域大小、视角仰俯等，均达绝妙的地步。

武夷山九曲溪景观多姿多彩，变化无穷。一曲，畅旷豁达；二曲，曲谷丹崖；三曲，虹桥奇观；四曲，秀山媚水；五曲，深幽奇险；六曲，天游览胜；七曲，三仰雄伟；八曲，青山奇石；九曲，锦绣平川。各具特色的景观画面由九曲溪盘绕贯穿，游人凭借一张竹筏顺流西下，即可阅尽武夷秀色，此乃武夷山景观之精华，堪称世界一绝（图1-5）。

三、生物多样性价值突出

武夷山的生物多样性、生态系统完整性及其自然景观，符合世界遗产标准（X）。

武夷山拥有世界同纬度地区现存最典型、面积最大、保存最完整的中亚热带原生性森林生态系统。自1873年以来，国内外动植物专家先后在武夷山采集到动植物新种（包括新亚种）的模式标本1225种，其中，脊椎动物新种62种（兽类15种、鸟类27种、爬行类14种、两栖类6种），昆虫新种模式标本1163种。

1945年，我国的蕨类植物学奠基人秦仁昌教授也多次进入武夷山考察并发表了34个新种及变种，数十年来，在武夷山范围内又调查发现高等植物新种57种，武夷山有植物模式种至少达到91种。武夷山被中外生物学家誉为“世界生物模式标本产地”“世界生物之窗”“昆虫世界”“绿色翡翠”。

图1-5 武夷山九曲溪（摄影：刘达友）

第二节　自然完整　人文荟萃

一、人文景观

武夷山有丰富的历史文化遗存，包括代表古越文化的汉城遗址、理学文化的书院与碑刻以及御茶园茶文化景观等，集中分布于武夷山九曲溪沿岸（图1-6）。得益于严格执行了一千多年的渔业林业禁令，依傍着九曲溪的东部地区较好地保存了完整的文化景观和历史遗存。考古遗址——城村汉城遗址、船棺、寺庙遗址、书院遗址等地仍保有较好的真实性与完整性。

二、自然生态

武夷山的自然生态系统始终保持着良好的原真性和完整性，这里拥有世界同纬度带现存最典型、面积最大、保存最完整的中亚热带原生性森林生态系统。武夷山地区属于典型的中亚热带地带，植被垂直带谱明显，随着海拔升高，依次分布有阔叶林、竹林、针叶林、灌丛和灌草丛、草甸等11个植被类型，15个植被亚型，共计有25个群系组，56个群系，近200个群丛组，基本囊括了中亚热带的所有植被类型，是中国大陆东南部发育最完好的垂直带谱。武夷山植被类型的多样性、典型性和系统性在全球同纬度带地区极为罕见（图1-7）。

自1979年武夷山国家级自然保护区成立以来，武夷山的自然生态和生物多样性一直受到科学且严格的保护管理。1987年，武夷山国家级自然保护区纳入联合国教科文组织的“人与生物圈计划”。

图1-6 武夷山九曲溪（摄影：黄海）

图1-7 华东屋脊——黄岗山（摄影：黄海）

第三节　联保共享 合作共赢

武夷山世界文化和自然遗产由福建省和江西省联合保护与管理。武夷山世界文化和自然遗产地虽然分属福建和江西两个不同省份，但两省一直以来都有良好合作。1995年至2001年，江西武夷山国家级自然保护区与福建武夷山国家级自然保护区曾共同组织实施了由世界银行全球环境基金会（Global Environment

Facility, GEF）支持的“中国自然保护区管理项目”。随着中国生态文明建设的推进，闽赣双方在保护区域内生态资源安全、双遗产保护利用等方面达成共识，有强烈的整合意愿。2017年，在双方的相互支持和努力下，经第41届世界遗产大会审议批准，江西铅山境内的武夷山被纳入“双世遗”范围。武夷山国家级自然保护区管理局与江西武夷山国家级自然保护区管理局共同组建了自然保护区联合保护委员会，并在联合防范森林火灾、共同加强生态保护等方面取得了良好成效。闽赣两省出台与实施了一系列政策、措施，双方相互促进、联保同享、合作共赢，成为联防联保和探索跨行政区管理的典范（图1-8）。

图1-8　武夷山断裂带（摄影：黄海）

大明嘉靖四十三年端
陽日巡按福建監察御
史濟南李邦珍同

第二篇

物华天宝　遗产价值

第二章　碧水丹山 形胜东南

奇秀丹霞甲东南，碧水蜿蜒耀崇安。
九曲峰丛境不重，声名远播冠中华。

武夷山拥有典型、奇特、引人入胜的丹霞地貌，是世界范围内极负盛名的丹霞名山。其主要形成原因有两个方面：一是内在因素，借助地壳上升运动，形成河流阶地以及多层夷平面；二是外在因素，借助流水侵蚀、岩石崩塌和风化塑造，形成各具特色的地貌景观，如主要由崩塌作用形成的岩柱玉女峰、岩堡大王峰等，主要由流水切割形成的九曲溪丹霞地貌等（图2-1）。

图2-1　九曲溪（摄影：刘达友）

第一节　胜甲东南的武夷丹霞

一、中国丹霞地貌分布

丹霞地貌由水平或变动很轻微的厚层红色砂岩、砾岩所构成，是因岩层呈块状结构和富有易于透水的垂直节理，经流水向下侵蚀及重力崩塌作用而形成的陡峭峰林或方山地形，是我国最重要的地貌景观之一，是中国自主命名并成功申请世界自然遗产的一种地貌类型，另外，中国也是世界上丹霞地貌分布最广泛、数量最多、研究最早且最深入的国家，从20世纪20年代起就已经开展丹霞地貌研究。

截至2015年，中国已发现的丹霞地貌共有1003处，海拔高度纵跨4000米，横跨14个气候分区，遍布28个省、区、市，东到浙江，西到新疆，南到海南，北到黑龙江，主要分布在地形、气候的过渡地带，在空间上呈现出一定程度的集聚态势，形成西北区、西南区和东南区三大分区。

根据地形走势，丹霞地貌主要沿我国地势第一、二阶梯分界线的东北部—东南部四川盆地西部一带，武夷山、南岭一带以及第二、三阶梯分界线的太行山—巫山—雪峰山一带密集分布。根据气候区划，主要在我国温带大陆性气候、温带季风气候与青藏高原高寒气候3种气候类型的过渡带密集分布。

从数量上来说，东南区数量最多，西南区次之，两区丹霞数量相加约占全国丹霞地貌总数的2/3。近年来，国内外学者对丹霞地貌的研究日丰，并得到了大众的广泛认可。丹霞奇胜的地貌景观逐渐走入公众视野，并随之兴起了丹霞地貌的旅游热潮。据统计，丹霞地貌景观数量占国家级风景名胜区与世界自然遗产数量的1/5左右，其中，武夷山丹霞地貌景观更是独领风骚。

二、武夷山丹霞地貌的典型性

武夷山经过长期的地质演变形成了如今典型的丹霞地貌，其主要形态特征为赤壁丹崖，尤为壮观，素有“秀甲东南”的美誉。

武夷山丹霞地貌基底主要为白垩纪晚期的红色砂砾岩。大部分丹霞地貌为缓倾斜岩层所形成的单斜丹霞地貌，小部分为近水平岩层所形成的丹霞地貌。许多独特丹霞地貌的形成多受垂直节理、裂隙等控制，在外力作用下，形成了与之对应的长条状谷地与丹峰，具有“顶斜、身陡、麓缓”的典型特征，具有重要的观赏价值（图2-2）。

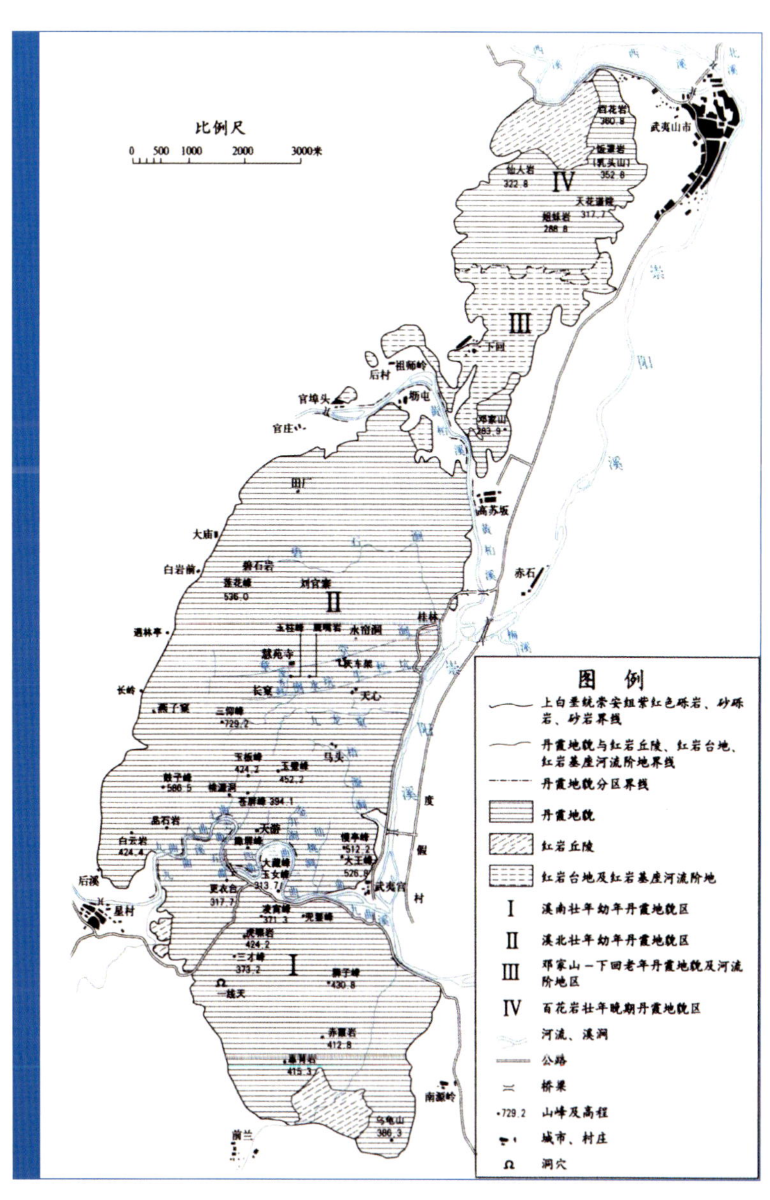

图2-2
武夷山典型丹霞地貌分布图
（黄进，2010）

第二节　奇秀丹霞的地貌成因

一、丹霞成因

武夷山地处亚热带季风气候区，雨量充沛，为丹霞地貌的形成提供了充分的自然条件。武夷山丹霞地貌的形成有内外两重因素。前者主要体现在地壳的运动上。地壳的上升运动将远古的湖盆抬升，使沉积在底部的红色砂砾岩层得以露出水面。后者则主要体现在由内力作用抬升的岩层基础上，借助流水侵蚀、岩石崩塌和风化等外力来塑造地貌景观。经过内外力双重作用，武夷山最终发展成为典型而独特的丹霞地貌景观。

二、夷平面与河流阶地

经过多次上升运动，武夷山地壳为流水侵蚀、岩石崩塌和风化等外力作用提供了必要的位能条件。根据武夷山典型丹霞地貌分布图，武夷山具有多个夷平面与河流阶地，均为其地壳上升的重要佐证。三仰峰、莲花峰附近的山峰高度平均值为548.4米，由此大体可以确定在550米处有一级夷平面。天游峰北部一带的山峰高度平均值为452.7米，可以确定此处为450米夷平面。水帘洞以东、曼陀峰以西等地的山峰平均高度在354.0米左右，为350米夷平面。除此之外，在武夷山的崇阳溪、黄柏溪、九曲溪等水域周边广泛分布的1—5级河流阶地发育也见证着武夷山地壳的上升。

三、流水作用下的丹霞地貌

武夷山水系众多，流水作用在其丹霞地貌的形成上发挥着主导作用。从天游峰峰顶向西俯瞰九曲溪，可以看到它贯穿于交错的峰岩与纵横的溪流之中，蜿蜒不绝，形成三弯九曲之胜。一曲水光石，二曲镜台，三曲仙钓台，四曲大藏峰，五曲更衣台，六曲隐屏峰，七曲响声岩，八曲上水狮，九曲磨盘石，曲曲精妙。此等胜景是断裂线控制与河流自然弯曲合力作用而成。凹岸侵蚀成陡崖，凸岸淤积成边滩，造就了九曲溪步移景异的自然风光。

沿九曲溪两岸有诸多雄奇险峻的丹霞群山，它们大多分布在九曲溪、崇阳溪、黄柏溪一带，皆是流水沿着岩层的裂隙等构造线进行下切侵蚀而形成的条、块状山地，其特点为山麓处较为平缓，整体走势较陡，例如三仰峰、狮子峰等。

武夷山高峡幽谷也不在少数，著名的有一线天、流香涧以及清凉峡等。它们是水流冲刷岩层裂缝，不断侵蚀，日复一日，伴随着诸多地质作用，致使裂缝不断扩大而形成。如果峡谷底部较为平缓，而岩壁较为陡峭的话，则又会形成巷谷，如九龙窠、清凉峡。若流水流入岩体内部，则会形成穿洞，如在一线天处的灵洞、风洞和伏羲洞等，独属于武夷山，在国内极为罕见。

降雨发生时，水流则会侵蚀垂直陡崖的岩壁，长年累月，形成平行的小岩沟地貌。晒布岩（图2-3）就是其中最具典型性的代表，该地貌在中国的其他丹霞地貌中也不同程度存在，但武夷山晒布岩最为奇特壮观。

在河床或石漫滩上，处于低凹处的水流会随着流向发生旋转，在旋转的过程中带动砂石对河床进行研磨，从而形成大大小小的圆形壶穴。在九曲溪的六曲处即有许多圆形壶穴分布其上。

流水作用不仅塑造地貌，其本身也是一种极为生动活泼的景观。流水景观中，位于武夷山北部的水帘洞最为出名，该瀑布的上游为450米的平夷面。此外，雪花泉瀑布、止止庵瀑布等小景也颇负盛名。

四、崩塌作用下的丹霞地貌

以崩塌作用为主而形成的赤壁丹崖是武夷山丹霞地貌最重要的景观，其主要景点有莲花峰、接笋峰、隐屏峰等，极目远望，雄伟壮观。根据不同的形态特征，崩塌作用下形成的丹霞地貌还包括岩堡，如大王峰与仙人峰等；岩墙，如鹰嘴岩等；岩柱，如玉柱峰与玉女峰等；岩峰，如鼓子峰等；石门，如伏羲岩等，形态奇异，鬼斧神工，是大自然的杰作。

图2-3 晒布岩（摄影：郑友裕）

崩积的石块堆积在山崖底部，形成的岩堆亦可造景，例如桃源洞入口错乱堆叠的石块就营造出一幅曲折幽深的胜景。形状各异的崩积石块散布于武夷山水边林间，给人带来不同的视觉体验，如寿桃石、伏虎岩、墨鱼石以及水龟石等。有些崩积的岩石上附生着地衣等低等植物，颜色多为黑色，部分为黄色，给岩壁增添了不少色彩。除此之外，武夷山还拥有亚洲最大的单体岩石，即天游峰。天游峰集俊秀、险峻两大自然特性于一身，被当地人生动地形容为“远看大石头，近看石头大”。

五、风化作用下的丹霞地貌

风化作用在丹霞地貌区表现为一种与周期性温度变化有密切关系的岩石表面片状剥落作用，当地气温日较差和年较差是重要因素。武夷山主要风化作用可分为凹片状风化剥落与凸片状风化剥落两类。

凹片状风化剥落作用下的丹霞地貌可以形成岩槽、岩洞、岩穴等，如凌霄岩、水帘洞、虎啸岩以及一线天等处的风洞、灵洞、伏羲洞等。凸片状风化剥落作用将岩体的棱角打磨浑圆，形成浑圆的山顶、岩墙、岩柱、岩峰等，如玉柱峰、鹰嘴岩、墨鱼石等。

武夷山玉女峰（吴元晶、李毓菲绘）

玉女峰素以挺拔、清丽、秀美见奇，被视为武夷山三十六名峰的标志性山峰，丹霞“顶斜、身陡、麓缓”的地貌特征体现得淋漓尽致。其峰顶花团锦簇，恰似山花插满头，岩壁秀润光洁，宛如玉石雕就，与大王峰深情相望，娓娓诉说着凄美的爱情故事。人在排上游，鱼在水中戏，却也未惊扰水中玉影，好一幅人与自然和谐的温馨景象。

第三节 典型丹霞地貌分区

武夷山典型丹霞地貌主要包含溪南壮年幼年丹霞地貌区和溪北壮年幼年丹霞地貌区，溪、涧、泉、峰、石、洞等由丹霞地貌塑造的景致成就了独一无二的武夷山胜景。

一、溪南壮年幼年丹霞地貌区

（一）范围

溪南壮年幼年丹霞地貌区位于武夷山南部，囊括了从近水平岩层到缓倾斜岩层所形成的多种丹霞地貌景观，该区域岩层变动时，因受力不均，形成了虎啸岩一带12度左右倾斜岩层，以及一线天一带7—8度近水平岩层，造就了北西西倾斜的单斜丹霞地貌以及“顶平、身陡、麓缓”的近水平岩层丹霞地貌（图2-4）。该区域丹霞地貌大多处于壮年期，小部分仍处于幼年期状态，群峰竞秀，美不胜收，著名景点有虎啸岩、一线天、赤霞岩等。

（二）典型景观

1.九曲溪

九曲溪全长62.8千米，流域面积534.3平方千米，自西向东可分为上、中、下游，并于下游武夷宫处与崇阳溪汇合。九曲溪流经地域平均海拔1200米，属中山地貌，中亚热带季风气候区，年降雨量一般在1486—2150毫米，主要集中于每年的3—6月，局部地区高达3000毫米以上，年蒸发量为1000毫米左右，无霜期253—272天，冬季温暖，夏季温度偏高。

图2-4
溪南壮年幼年丹霞地貌分区简图（黄进，2010）

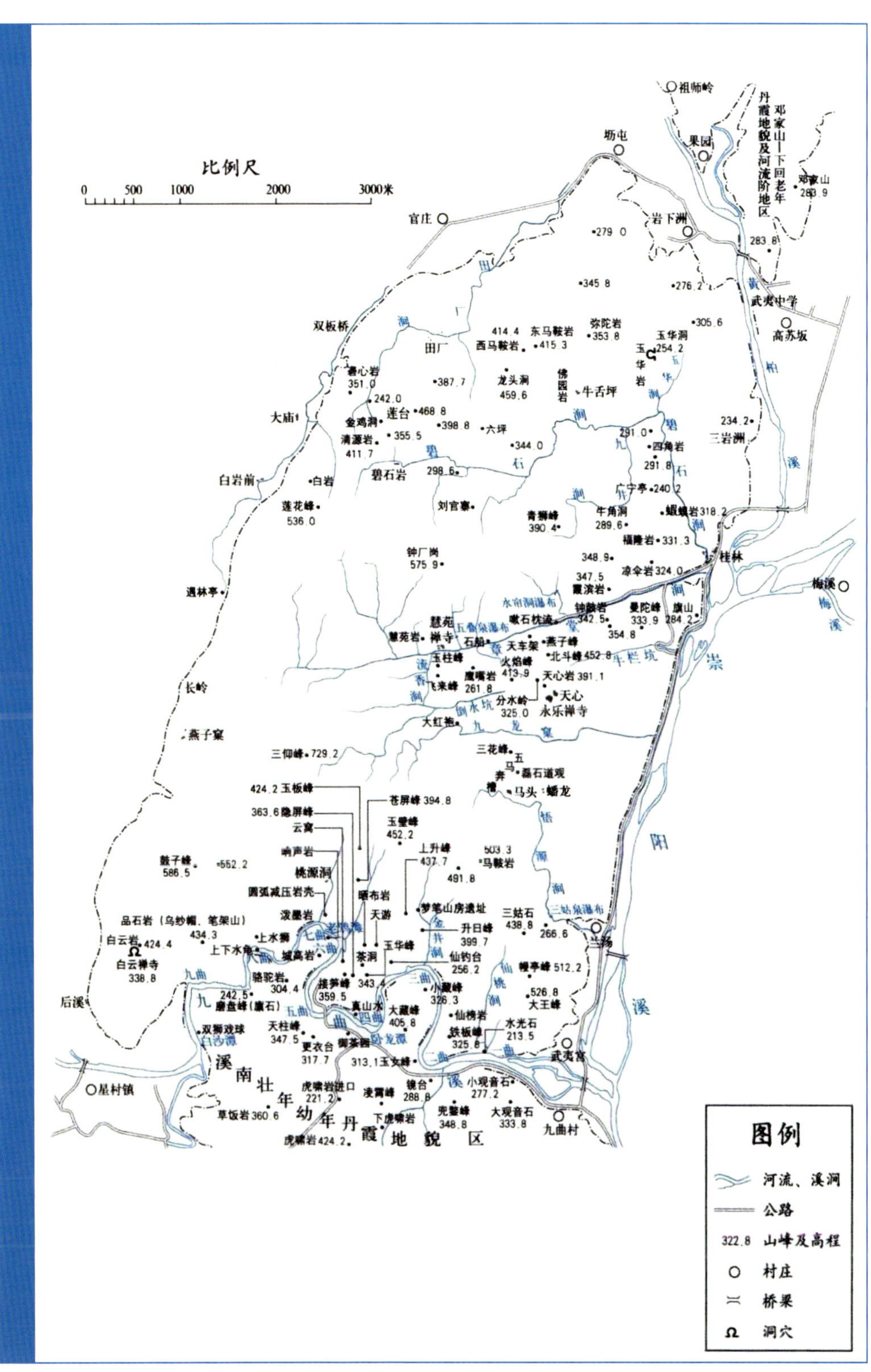
比例尺
0 500 1000 2000 3000米
图例
河流、溪涧
公路
322.8 山峰及高程
村庄
桥梁
洞穴
丹霞地貌及河流阶地区
邓家山—下回老年
溪南壮年幼年丹霞地貌区
崇阳溪
九曲
桂林
梅溪
武夷宫
星村镇
九曲村
天心永乐禅寺
玉华岩
碧石岩
坳屯
官庄
岩下洲
武夷中学
高苏坂
三岩洲
白云禅寺
兰汤

九曲溪白沙潭至双狮戏球一带处于凹岸主流侵袭地带，因水流侵袭而形成陡崖。凸岸缓流淤积地带主要为星村镇东北至九曲北岸及西岸，构成长达1000米的河漫滩冲积平原，堆积了大量粗糙的砂卵石，是九曲溪老鸦滩、獭控滩及真山水等景点的主要形成原因。

从九曲溪上游、中游、下游三个区段来看，曹墩桥以上区域是九曲溪上游，属于陡峭的中山或低山峡谷，水流多由武夷山自然保护区和九曲溪上游的各条溪流、山涧汇聚而成，河网密度大，河流侵蚀切割作用较为强烈，最深处可达500米以上；曹墩村至星村区域是中游，属于宽谷盆地，河网密度低于上游区域；星村至武夷宫区域则是下游，是九曲溪核心游览区，风景优美，引人入胜（图2-5）。

图2-5 俯瞰九曲溪（摄影：王桂清）

2.晒布岩

晒布岩位于九曲溪第六曲，立于溪北，在天游峰之下，高150米，宽约600米。晒布岩巨大的崖壁近乎垂直插入地下，像被巨斧从顶劈下，巨大断面宽阔而平坦，岩壁黝黑，宛如一面高大的巨型黑色屏风（图2-6）。

受水流的常年冲刷，岩壁被侵蚀后，形成了数以百计的流水轨迹，直直从岩顶滑到地面，在不同的气候条件下呈现出不同的景观效果。每当西斜的光线照到岩壁上，其条理分明的地质演变痕迹便更加明显；每逢雨天，雨水便汇聚在一起，顺着这一条条岁月的痕迹飞泻而下，仿佛一条条白色的布帛从岩顶挂下，堪称奇景，晒布岩因此得名。

关于晒布岩还有一个美丽的传说，侧面说明了武夷山山水动人的魅力。传说九重天的织女每天都会采集五彩云锦，再配以金丝银线织成锦绣绫罗进献给王母娘娘。有一天，负责进献的大仙挑着仙女们织成的锦绣绸缎路过武夷山，他立刻就被武夷山的景色迷住，便将盛着锦缎的担子放下四处游玩，等他回过神来，回首去找锦担的时候才发觉绸缎已经被晨露打湿，于是他不得不将一匹匹绸缎散开，晒在一块巨大的岩壁上。绸缎一直垂到六曲溪边，却没想到云锦被武夷山的阳光晒化了，绮丽的锦缎融进了光滑的岩壁中。这个美丽有趣的神话故事为晒布岩增添了令人神往的神秘色彩。

图2-6
晒布岩上的水蚀平行小沟（摄影：郑友裕）

3.隐屏峰

作为武夷山三十六名峰之一，隐屏峰位于五曲溪北部，海拔363.6米（图2-7），峭拔的峰岩如同高耸的屏障。在形成原因上，隐屏峰是由体形巨大的崩塌丹崖与丹崖之下的崩积岩块共同形成的并肩而立的两座山峰，是一处典型且规模庞大的崩塌丹霞地貌。峰顶处松竹茂密，九曲溪溪南风光尽在眼底。隐屏峰后同样隐藏着诸多因崩塌而形成的景观，例如典型的崩积岩块与洞穴，老虎洞、聚乐洞、罗汉岩、云路石等均属此列。

4.接笋峰

与隐屏峰相似，接笋峰也是一处因崩塌作用而形成的险峰。受到崩塌作用的影响，一些柱状或长尖状的岩体，贴附在岩壁上，犹如峰笋一般。位于玉板峰南崖崖壁的小接笋峰也是因相同的原理而形成。

图2-7 隐屏峰（摄影：郑友裕）

5.一线天

一线天位于武夷山九十九名岩之一的灵岩中，立于二曲之南的幽深峡谷，这里有三座流水作用而形成的穿洞，分别名为灵岩洞、风洞和伏羲洞，三个岩洞相互毗邻，伴随崩塌、风化作用而不断加深、加宽。从伏羲洞中进入灵岩洞细长的狭缝之中，抬头望去可见刺目的光芒从崖壁形成的一条细线中漏下，宛如跨空碧虹，一线天因此得名（图2-8）。

民间有颇多关于一线天由来的传说，有说一线天是由伏羲大神用玉斧所劈而来，或是由桃花女用绣花针划开的，但实际上一线天的形成原因是地壳运动和流水侵袭，由砂岩、砾岩和页岩构成。在地壳抬升的过程中，这些红色岩层受到不均匀的压力，产生了节理。随着时间流逝，水流不住地侵蚀和溶解，日积月累，这些节理逐渐扩大、拉长，形成了一线天。而水流又沿着一线天进入岩体，将红色岩层底部的页岩侵蚀，岩体被蚀穿，形成了扁而浅的穿洞。穿洞不断受到流水侵蚀，洞壁、洞顶也发生着崩塌和风化作用，最终造就今日的景观。

图2-8　一线天（摄影：郑友裕）

6.风洞岩

风洞是一座典型的凉风岩洞，紧贴伏羲洞。夏季热风穿进岩洞，被阴冷的岩洞降温，气流从洞口另一端流出，变成了凉风，即使是盛夏时节到此，也会感觉到身心舒爽。洞口岩壁上刻着宋代徐自强所书“风洞”二字，十分醒目（图2-9）。

图2-9 风洞岩（摄影：刘达友）

7.狮子峰

海拔430.8米的狮子峰是一座典型的单斜丹霞岩峰。红色的砂砾岩层向北西西倾斜，是丹霞地貌“顶斜、身陡、麓缓”的典型代表（图2-10）。

图2-10 狮子峰（摄影：刘达友）

8.天游峰

立于六曲北部的天游峰，海拔408.8米，相对高差215米，是武夷山三十六名峰之一（图2-11）。作为一条自北向南延伸，东连仙游岩，西接仙掌峰的岩脊，天游峰有上天游、下天游之分。在一览亭北部的为上天游，其地貌形式为岭岗，南北两处分布有天游坊与天游亭；下天游则为以瀑布闻名的胡麻涧一带。

天游峰削崖耸立，高拔群峰之上，使得位于其上的一览亭成为登高望远的绝佳观景点，可以俯瞰清澈的九曲溪与沿岸数百座奇峰，将武夷山的碧水丹山尽收眼底。天游峰因此被称为“武夷第一胜地”。

9.大藏峰

大藏峰为武夷山三十六名峰之一，位于四曲南岸，海拔406.8米，相对高差223米，横跨数百丈（图2-12）。大藏峰紧接河床，拔水而起，峰岩斜插于水面，岩壁内侧有水流不断落入溪中，在下方汇聚为 ·凹岸深水区。岩壁上附着因风化而形成的洞穴，洞穴内现存有虹桥板、架壑船棺、陶瓷等文物。与泼墨岩崖壁附着黑色藻类使崖壁色彩呈墨汁状类似，大藏峰崖壁生长着黄色藻类，使崖壁呈现黄锈色，在余晖下更是夺目。

◤ 图2-11 天游峰（摄影：郑友裕）

世界遗产

图2-12 大藏峰（摄影：刘达友）

10.玉女峰

玉女峰位于九曲溪二曲溪南，海拔313.1米，相对高差131米，是典型的单斜柱状山（图2-13）。作为武夷山三十六名峰中形貌最为清秀的山峰，玉女峰以挺拔、清丽、秀美见奇，是武夷山的代表性山峰。

作为一座由于崩塌及风化作用形成的柱状山，玉女峰是典型的岩柱。独立的石

图2-13 玉女峰(摄影:黄海)

柱周围被丹崖包围,峰顶花团锦簇,恰似山花满头,岩壁秀润光洁,宛如玉石雕就。玉女峰隔溪对岸有一座因崩塌作用而形成的岩堡,其四周同样被丹崖所包围,峰顶平缓呈堡状地貌,即大王峰,两峰隔溪遥遥相望。传说玉女峰是天宫玉女因向往人间,私下凡尘,并与溪北地貌区的大王峰成就了一段仙凡相恋的人间佳话。

11.铁板嶂

铁板嶂因其石崖直削、色如铁板而得名，岩上有数道飞泉直泻而下，汇入溪涧。岩壁上生长了许多黑色的藻类，将丹崖染成灰黑色，加上表面水光淋漓、寒光闪闪，远观犹如一块闪着光的铁板（图2-14）。铁板嶂横亘在玉女峰与大王峰之间，将两峰隔开，留下了一个玉女与大王相恋而不相见的凄美故事。

图 2-14 铁板嶂（摄影：刘达友）

12.壶穴与圆潭

圆形壶穴是由水流卷动沙石等在河漫滩上的低凹处发生旋转所研磨而成的圆形石洞。武夷山九曲溪倾斜的岩石河漫滩上遍布大小不一、深浅不一的圆形壶穴。这些壶穴洞口向上，洞身向下，直径和深度大多在10厘米之内。一些位于岩石河漫滩低洼底部的壶穴覆盖着积水，受流水侵蚀逐渐发展为直径20—30厘米的大壶穴，广泛分布于九曲溪河岸边，如章堂涧的中游左岸、清凉峡峡底、胡麻涧的上段、金井涧源头的岩壁等（图2-15）。更大的壶穴，直径可达数米，深度可达1米以上，被称为圆潭。

13.虎啸岩

虎啸岩海拔约424.2米，相对高度197米，为典型的单斜桌状山，倾角约12度。虎啸岩峰顶因风化作用片状剥落，形成浑圆状，从峰顶向下由浑圆转变为陡壁。从岩顶往下望，可见一条沿着岩层发育的石缝，深不见底（图2-16），形成上覆危崖，下临绝壑的整体态势。

虎啸岩向西北方向可尽览三仰峰、天游峰、隐屏峰等景致，向东约海拔335米处为下虎啸岩。下虎啸岩为北北东走向，是相对高差80—100米，负坡17—18度的巨大丹崖。其中一处蚀余岩条因沿岩层面向下稍作脱落，形似舌头外伸，被称为虎啸岩的“虎舌”。

在武夷山水的诸多盛景之中，只有虎啸岩可一岩兼有群峰之胜。“虎啸”二字的由来一则源自山形似虎，二则源自虎啸岩上的一个巨洞。每当山风穿过洞口，岩洞便发出巨响，犹如山虎咆哮，声传空谷。

图2-15 胡麻涧（摄影：刘达友）

虎溪靈洞

图2-16 虎啸岩（摄影：郑友裕）

二、溪北壮年幼年丹霞地貌区

(一) 范围

溪北壮年幼年丹霞地貌区位于武夷山北部，与溪南壮年幼年丹霞地貌区之间以九曲溪为界（图2-17）。该区丹霞地貌多处于九曲溪左岸一带，受九曲溪深切曲流作用，与岩层断裂、崩塌作用，凹岸被侵蚀，成为陡崖；凸岸受淤积，成为边滩，共同塑造了该区奇秀壮美的盛景。

(二) 典型景观

1.大王峰

大王峰为武夷山三十六峰之首，位于武夷宫西侧，海拔526.8米，相对高差为330米，是一座崩塌形成的丹霞山峰，危峰孤峭，四壁如削，形似岩堡，四周被赤壁丹崖所包围，丹崖高度在100—110米，雄伟壮丽（图2-18）。

大王峰地势自北东东向南西西作缓倾斜，峰顶为圆形，附近有面积50—60平方米的平缓地。峰顶古树参天，常绿阔叶林、针叶林保存完好，冠层相连。作为武夷山第一险峰，大王峰极难攀登。峰南有一道裂缝，最窄处只能容一个人与岩壁擦肩而过，须手足并用贴壁攀爬而过。峰顶南面崖壁之下是坡度30度以下的崖麓缓坡，在海拔350—382米处有一斜向西南的丹崖，与峰顶呈相对之势。

因峰高数百仞，上丰下敛，形似古代官宦的纱帽，大王峰俗称纱帽岩，又因形似天柱，宋代亦名为天柱峰。

图2-17

溪北壮年幼年丹霞地貌分区简图（黄进，2010）

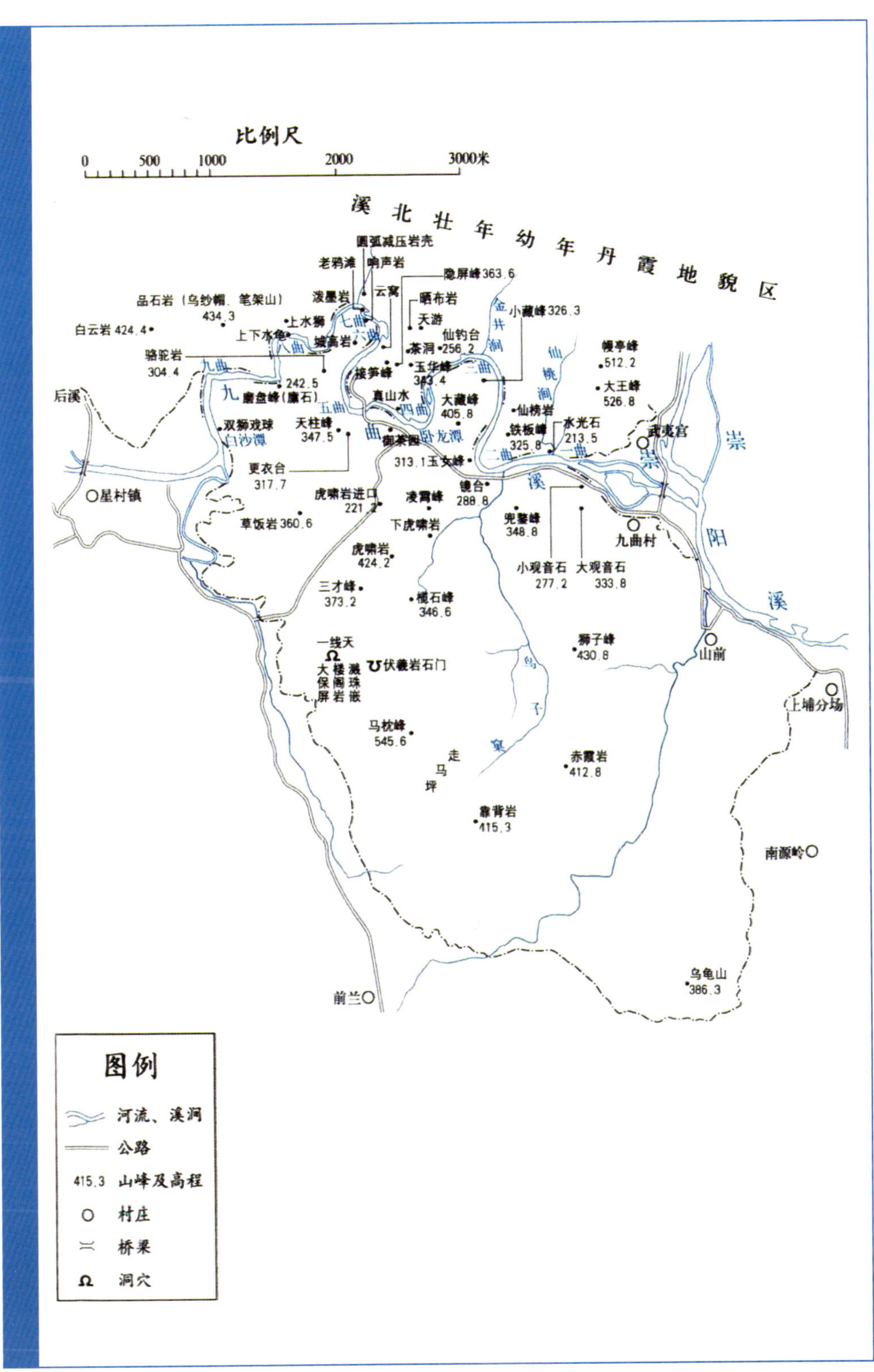
比例尺
0
500
1000
2000
3000米
溪北壮年幼年丹霞地貌区
圆弧减压岩壳
老鸦滩
响声岩
隐屏峰363.6
品石岩（乌纱帽、笔架山）
434.3
泼墨岩
云窝
晒布岩
小藏峰326.3
白云岩424.4
上水狮
天游
上下水龟
城高岩
仙钓台
256.2
茶洞
骆驼岩
304.4
242.5
玉华峰
接笋峰
磨盘峰(鹰石)
真山水
大藏峰
405.8
仙榜岩
后溪
双狮戏球
天柱峰
347.5
铁板嶂
325.8
水光石
213.5
武夷宫
御茶园
313.1玉女峰
更衣台
317.7
镜台
288.8
星村镇
虎啸岩进口
221.2
凌霄峰
兜鍪峰
348.8
九曲村
草饭岩360.6
下虎啸岩
虎啸岩
424.2
小观音石
277.2
大观音石
333.8
三才峰
373.2
槛石峰
346.6
一线天
伏羲岩石门
狮子峰
430.8
山前
大楼阁
保屏岩
溅珠嵌
上埔分场
马枕峰
545.6
走马坪
赤霞岩
412.8
靠背岩
415.3
南源岭
乌龟山
386.3
前兰
九曲
八曲
七曲
六曲
五曲
四曲
三曲
二曲
一曲
白沙潭
卧龙潭
金井涧
仙桃涧
崇阳溪
乌子窠
幔亭峰
512.2
大王峰
526.8
图例
河流、溪涧
公路
415.3 山峰及高程
村庄
桥梁
洞穴

图2-18 大王峰（摄影：刘达友）

2.幔亭峰

幔亭峰海拔512.2米，为武夷山三十六名峰之一，与大王峰相连，位于其北侧150米处（图2-19）。峰顶地势平坦，在顺岩层与反岩层均有巨大丹崖发育。

幔亭峰东崖的丹崖海拔25—30米，有明显的片状风化剥落痕迹。西崖海拔约为70米，并向北延伸350米。在东崖有一个顺着岩层方向发育的岩洞，下有高耸着的三姑石，经过侵蚀、风化和崩塌作用，形成了伫立着的四块长方形巨型岩柱。

传说武夷君曾经在此处设立幔亭宴来招待乡人，因此得名“幔亭”。如今，游人们将缠绕峰间的彩霞和云雾比拟为古代神仙设宴时布置的白幔和彩帛，使其增添了神话色彩。

在幔亭峰峰顶眺望，有“一览众山小”之感。宋代朱熹在其诗中写道：“一曲溪边上钓船，幔亭峰影蘸晴川；虹桥一断无消息，万壑千岩锁翠烟。”点出了此处的自然与人文之美。

3.鹰嘴岩

鹰嘴岩的峰岩造型生动奇特，犹如雄鹰躯体（图2-20）。作为因崩塌作用而形成的墙状岩体，鹰嘴岩整体呈狭长状，四周皆为丹崖，岩壁黝黑，略向西倾斜，鹰嘴昂首向东，一株古柏生长在鹰嘴之上，恰似雄鹰隆起的鹰鼻。岩墙与植物组合，构建出奇妙的景观，不禁让人感叹大自然的鬼斧神工。

4.桃源洞

桃源洞位于武夷山六曲溪北部，其东北方的玉板峰曾发生过巨大的崩塌，致使这里堆积着大量的崩积岩块。桃源洞东侧入口处有一崩积岩块，叫做寿桃石，上面有着巨大的“寿”字摩崖石刻。

图2-19 ◥
幔亭峰（摄影：郑友裕）

图2-20 ◢
鹰嘴岩（摄影：刘达友）

5.三仰峰

三仰峰为武夷山三十六名峰之一，海拔729.2米（图2-21）。作为典型的单斜丹霞地貌，三仰峰由三层单斜岩层构成。三座山峰皆昂首向东，三峰层叠，由高至低分别称为大仰、中仰、小仰。

三仰峰上胜景颇多，二仰峰腰处有一巨大岩洞，洞口处刻着“武夷最高处”。小仰峰前有老君岩，下有马鞍石，马鞍石北侧崖壁上有一处大型额状洞，额状洞的负坡上生长了许多黑色的条状藻类。该处负坡发生过较为严重的崩塌，致使长条状岩石崩塌至岩洞底部，形成了开裂的长条崩积岩块。

图2-21 三仰峰（摄影：黄海）

6.白云岩

白云岩也称灵峰，在白云岩南崖建有白云禅寺。白云禅寺海拔约338.8米，依红色砂砾岩岩壁而建。白云禅寺下方有一条向南的狭窄峡谷，崖壁陡峭，地衣等低等植物使丹崖崖壁形成绿色和灰黑色。白云禅寺西侧有一条险道，外无护栏，可通向一个面向南面的半开放岩洞——极乐国，里面供有佛像（图2-22）。

7.莲花峰

莲花峰为武夷山三十六名峰之一，位于该地貌分区的西北部，海拔536米。莲花峰及其周边一带形成了长800米、宽约400米、悬崖高度200—300米的丹霞地貌，红色岩层软硬相间，经风化形成了许多岩檐和岩槽，构成了莲花峰一带多层凹凸的丹崖，景色壮丽（图2-23）。

图2-22
岩洞极乐国（摄影：刘文斌）

图2-23
莲花峰一带多层凹凸的丹崖群峰（摄影：郑友裕）

極樂國

8.云窝

云窝位于五曲溪北部，背倚接笋峰，面向响声岩，旁有天柱峰、仙掌峰等胜景，以铁象岩为界，可分为上、下云窝。云窝处大大小小的崩积洞穴有十余处，如老虎洞、聚乐洞等。老虎洞是一处因崩塌作用而形成的崩积穿洞，进口狭窄，洞内宽广。其上有因崩塌作用堆叠而成的方形崩积洞，名为聚乐洞。每到春季与冬季的早晚时分，洞穴中就会悄然生出云烟，在山石之间萦绕，形态变化多端。

崩积洞穴常会形成凉风洞，这是因为洞内气温低，气流进入洞穴经过降温再从另一端出口流出，于是便形成了凉风洞穴。

9.水帘洞

武夷山的瀑布以水帘洞的飞瀑最为著名。水帘洞为武夷山七十二洞之一，位于章堂涧之北、瑞泉岩下（图2-24）。水帘洞岩壁矗立，底部收敛。瀑布上游是一处450米的残留平夷面，有两条小溪涧，一条自北向南流，形成水帘洞北瀑布，另一条自西北向东南流，流至水帘洞丹崖上端，突然跌落，形成水帘洞南瀑布，规模数倍于北瀑布。

东崖下部是较易被风化的柔软红色砂泥岩，这层泥岩因风化作用而向内凹陷，形成岩槽。东崖上部的岩层剥离崩塌，形成了上凸下凹的巨大额状崖洞，涧水从崖顶飞泻而下。

洞内面积百来平方米，设有石桌、石椅，供人休憩。洞旁设有石栏，游人可凭栏欣赏洞外飘洒的水帘。洞外茂林修竹，宛如山水画卷，别有一番风味。

图2-24

水帘洞（摄影：郑友裕）

10.雪花泉瀑布

雪花泉瀑布位于天游峰至茶洞之间（图2-25）。瀑布上游的胡麻涧被分为上、下两级，峭崖壁立，飞瀑似雪，是武夷山的一大胜景。除此之外，武夷山比较有名的瀑布还有慧苑寺东侧的五叠泉瀑布、桃源涧的止止庵瀑布、一线天南侧的溅珠嵌瀑布、悟源涧的三姑泉瀑布等。

11.流香涧

流香涧位于九曲溪北部，峡谷底部较为平缓，岩壁较为陡峭，是水流沿着垂直节理或裂隙向下侵蚀发育而成（图2-26）。谷壁直立，宽仅数米，是北山最富有观赏价值的景点。巷谷内溪水潺潺声不绝于耳，微风拂过，带来上游阵阵花香。

武夷山丹霞地貌奇秀，九曲蜿蜒，形成了步移景异、景境不重的“一溪，九涧，一十八泉，三十六峰，五十四石，七十二洞，九十九岩，一百零八景”，声名远播海内外，是当之无愧的世界文化和自然遗产。

图2-25
雪花泉瀑布（摄影：刘达友）

图2-26

流香洞峡谷（摄影：郑友裕）

第三章　物华天宝 珍稀多样

武夷山自然条件优越，生物种类繁多，植被保存完整，为各类野生动物的繁衍生长提供了有利条件，是我国单位面积上野生动物种类、数量最为丰富的地区之一。由于未受第四纪冰川活动影响，武夷山是许多古老孑遗生物的避难所，生物多样性十分突出，具有显著的物种多样性、遗传多样性、生态系统多样性[图3-1(a)(b)]，素有“动物王国”“鸟的天堂”“昆虫世界”等美誉。

常绿阔叶林

图 3-1(a)　武夷山主峰黄岗山植物群落垂直分布（摄影：黄海）

武夷山主峰黄岗山植物垂直带谱

图 3-1（b） 武夷山主峰黄岗山植物群落垂直分布（摄影：黄海）

第一节　生态系统的多样性

武夷山具有纬度低、海拔高、地形地貌多样、临近海洋等特点，再加上独特的气候特点和土壤特征，形成了多种多样的生态环境：区内有中亚热带、北亚热带、暖温带、中温带4种地带性气候；有中山、低山、丘陵、小盆地等多种地形，不同地形的不同坡向其生境也存在差异，最大的海拔相对高差达1800多米；不同区域的水、光、热条件也不相同，造就了特殊且复杂的生态系统多样性。武夷山的生态环境受人为干扰少，特别是武夷山保护区建立后，总体十分稳定，曾经受人为破坏的部分区域也逐步得到恢复，整体生境优良。多样而良好的生态环境不仅有利于物种的繁衍，而且对物种优良基因的遗传具有重要的作用。因此，武夷山是中国东南部重要的物种形成分化中心，在生物多样性保护上具有特殊价值。

武夷山在全球同纬度带保存了最典型、面积最大、最完整的中亚热带原生性森林生态系统，森林覆盖率高达96.3%（图3-2）。武夷山植被垂直带谱层次明显，随着海拔升高，依次分布有阔叶林、竹林、针阔叶混交林、针叶林、灌丛和灌草丛、草甸等11个植被类型，15个植被亚型，共计25个群系组，56个群系，近200个群丛组，基本囊括了中亚热带的所有植被类型，是中国大陆东南部发育最完好的植被垂直带谱。武夷山植被类型的多样性、典型性和系统性在全球同纬度带极为罕见（图3-3）。

植被的分布状况反映在水平分布与垂直分布两个方面。由于武夷山的经纬度跨度较小，因此植被类型的水平变化并不显著。而在垂直分布方面，只要山体足够高大，其气温就会自山下向山上迅速降低，降低速度比纬度地带性所呈现的由赤道向两

图 3-2 武夷山常绿阔叶林（摄影：黄海）

图 3-3 华东屋脊——黄岗山（摄影：黄海）

极的变化要快得多。武夷山地处中亚热带，相应的地带性植被是常绿阔叶林，随着海拔高度的增加，植被也相应地发生有规律的变化，由下向上依次分布着针阔叶混交林、针叶林、中山阔叶矮曲林、山顶草甸等植被类型，形成了垂直分布带谱。黄岗山、诸母岗均为武夷山内高峻的大山，黄岗山的相对高差更是达1800米，土壤与气候随着海拔的升高都呈现出垂直的地带性变化，其植被也形成垂直分布带谱。需要特别指出，武夷山的植被垂直分布现象不是简单划一的，各植被带之间存在复合或交错现象

（图3-4），如山顶草甸与温性竹林带有海拔200米的复合交错区；针阔叶混交林带与暖性竹林带有海拔500米的复合交错区；针阔叶混交林带与温性针叶林带有海拔600米的复合交错区；矮曲林带与温性针叶林带有海拔500米的复合交错区；温性针叶林带与常绿阔叶林带有海拔300米的复合交错区；常绿阔叶林带与暖性针叶林带有海拔900米的复合交错区。此外，武夷山的植被垂直分布现象不仅受微地形（如坡位、坡向、坡度及坡与谷等）的影响，也与植物本身的生物学特性及可塑性密切相关。

图 3-4 武夷山山顶草甸与针叶林复合交错区（摄影：郑友裕）

武夷山的森林植被有50%以上是原生性质。原生的天然林群落是植物在一定的自然环境条件下，经过长期复杂的生存竞争，淘汰不能适应环境变化的物种及其种群的长期相互作用的结果。武夷山有不到50%的森林植被是在1979年武夷山国家级自然保护区建立前经受过火灾或人为干扰的，而武夷山的森林演替大多是在这些地区进行的次生演替。这些森林植被的演替情况影响和决定着武夷山这座森林宝库的重要价值。

武夷山常绿阔叶林的次生类型不少，但其组成群落的建群种和优势种基本得以保存，且能逐渐恢复到顶极群落。落叶阔叶林在武夷山仅有局部分布。常绿、落叶阔叶混交林可以视为常绿阔叶次生林在恢复过程中的一个阶段，将再向终极演替发展。

温性针叶林是较稳定的自然生态系统。而暖性针叶林中，分布于海拔1100米以下的马尾松林大多是常绿阔叶林被破坏后发展起来的，群落并不稳定，在演替过程中将向阔叶林方向演替。

灌丛、灌草丛在武夷山内分布区域较为狭窄，如不再受到其他干扰，常绿阔叶灌丛会逐渐发展成矮林，并将和灌草丛一样，向常绿阔叶林终极演化，落叶阔叶灌丛则可能长期稳定。

只要不出现较大的自然条件改变，武夷山的植物群落次生演替就会继续向前发展，不会向逆行演替倒退。无论是武夷山原生性森林植被的保存面积之大、植被类型之多，还是群落结构之稳定，在全球同纬度带均具有典型性和代表性，对区内次生性森林群落的自然演替也具有重要的指示作用。武夷山的生物多样性是武夷山世界文化和自然遗产价值的重要组成部分，保护好大自然所赐予的这块瑰宝，在全球具有突出意义。

武夷山植被垂直带谱
(吴元晶、李毓菲绘)

这里孕育着全球同纬度最典型、面积最大、最完整的中亚热带原生性森林生态系统，中亚热带的所有植被类型一览无遗，阔叶林、针阔叶混交林、针叶林、灌丛、灌草丛和草甸等植被类型随海拔梯次呈现，形成我国大陆东南部发育最完好的垂直带谱。平面的经纬空间在此被巧妙地替换成垂直的立体空间，令人不禁感叹大自然的神奇演替。

一、常绿阔叶林

常绿阔叶林是指以常绿阔叶树种为优势种的一种森林植被类型，在东亚、北美大西洋西岸、欧洲地中海沿岸、南美洲、大洋洲以及非洲的局部地区等亚热带地区广泛分布。中国的常绿阔叶林是全球常绿阔叶林的主体，具有分布范围最广、面积最大、森林类型最复杂多样等特点。武夷山常绿阔叶林分布最为广泛，面积约占森林总面积的2/5。武夷山的常绿阔叶林中，又可分为典型常绿阔叶林、山地常绿阔叶苔藓林、山顶常绿阔叶矮曲林三个植被亚型，共17个群系。

典型常绿阔叶林（图3-5）主要分布于海拔350—1400米，在局部向南谷地可以上延到海拔1700米的地区，以分布在海拔1200米以下山坡和山坳的为最多和最佳。常绿阔叶林是武夷山生物种群最具多样性的地带。

常绿阔叶林组成树种的树木构型以半球或伞状林冠为主，外貌比较整齐平整，群落结构比较复杂，具有明显的层次分化。群落大多由多优势树种组成，单优势树种群落较少。群落基本上具有乔木层、灌木层和草本层等，乔木层常含2—3个亚层，高度为12—20米不等；灌木层含1—2个亚层，高度为1—3米；草本层以蕨类为主形成草本层片，藤本植物较少。组

成典型常绿阔叶林的主要树种有甜槠、苦槠、米槠、木荷、罗浮锥、丝栗锥、钩锥、青冈、细柄蕈树等。由于建群种的不同，可以划分为许多群系和群丛。

山地常绿阔叶苔藓林、山顶常绿阔叶矮曲林统称为山地矮曲林。主要分布于黄岗山、诸母岗、香炉峰等海拔1700—1970米处，在海拔1400米的个别区域也有分布。该植被类型一般为森林分布线的上限，是亚热带山地阔叶林在特殊生态环境条件下形成的一种特殊的群落类型，其种类组成、外貌和结构与其他林分类型相比具有独特性。由于此林带所处的区域具有气温低、多雨、潮湿、风大等特点，导致林木低矮，树干弯曲且多分枝，附生苔藓植物多，又称苔藓矮曲林。矮曲林可分为乔木、灌木、草本三个层次。乔木层高5—7米，大致可分为2个亚层，灌木与草本层不发达。以小叶黄杨为主要建群种的矮曲林是武夷山特有的群落，在其他地方尚未发现，是中国稀有的植被类型。小叶黄杨矮曲林群系分布于黄岗山东北坡1800—1900米的坳谷地，林地潮湿，落叶阔叶树种居群落第一层，第二层几乎全为小叶黄杨。在其代表群落中，小叶黄杨植株占到建群种总数的60%。山地矮曲林中还有极具观赏性的杜鹃苔藓矮曲林、八角矮曲林2个群系。

图3-5 武夷山常绿阔叶林（摄影：黄海）

二、常绿、落叶阔叶混交林

落叶阔叶林在武夷山植被中所占的比重很小，不到1%，但其为武夷山的森林植被景观增添了丰富多彩的内容。常绿、落叶阔叶混交林包括山地常绿、落叶阔叶混交林、典型落叶阔叶林、山地落叶阔叶林，共计4个群系。

山地常绿、落叶阔叶混交林是次生性混交林，它以小块状镶嵌于常绿阔叶带内的缓坡谷地，大多是经人为干扰破坏后发展起来，是因落叶阔叶树种生活力明显强于常绿阔叶树种而出现的一种过渡类型。在武夷山这种混交林从低海拔到中山都有出现，一般分布在海拔400—1000米的范围内，以枫香、赤杨叶、亮叶桦、缺萼枫香等落叶阔叶树种与栲类、青冈、木荷等常绿阔叶树种组成混生群落的建群种或优势种。武夷山泥洋、黄溪洲、大安源等处可见这种群落出现，但面积均较小，其生活型与常绿阔叶林相似。

武夷山还发现有以亮叶水青冈为建群种的常绿、落叶阔叶林群系，这是中亚热带十分独特的森林植被，分布于海拔1600—1700米处。

山地落叶阔叶矮曲林（图3-6）主要分布于海拔1700—1900米地带，与山顶常绿阔叶矮曲林相同，其上为中山草甸，下限为针叶林或针阔混生林，以吊钟花、阔叶槭、丁香杜鹃等落叶阔叶树为群落的建群或优势种。这类群落的乔木层、灌木层各有1—2个亚层，草本层种类较少，有的表面覆盖着苔藓。

图 3-6 武夷山落叶阔叶矮曲林（摄影：黄海）

三、竹林

竹林是武夷山重要的植被类型之一，从海拔200米处至2160.8米的黄岗山山顶均有天然分布，种类资源丰富，共计11属47种，由丛生竹类向散生竹类过渡。根据竹林种类组成和生境条件的特点，区内竹林可划分为温性竹林和暖性竹林两个亚型10个群系。

毛竹林（图3-7）是武夷山最主要的竹林类型，具有分布面积广、群落类型多等特点。毛竹不仅能形成纯林，还能与阔叶树种、针叶树种组成混生林。毛竹是再生性很强的可再利用的植物资源，生长周期一般为6年，笋竹两用，经济价值很高。在武夷山，毛竹主要分布于海拔600—1600米的山坡或坳谷的实验区中，缓冲区和核心区则保存有部分原生性质毛竹林。

毛杆玉山竹是武夷山的模式产地种，其群系主要分布于黄岗山海拔1800—2160.8米处，与禾本科箱根野青茅、莎草科苔草等组成群落。

肿节少穗竹林是武夷山独特的一个植被群落，分布于海拔650—1350米的山坡，在关坪、米罗湾一带较多。其群落可与阔叶林或针阔混交林混生，为灌木层的优势种，盖度达90%，秆高5米，小灌木混生其间。

图3-7 武夷山毛竹林（摄影：刘达友）

四、暖性针阔叶混交林

针叶林有暖性和温性之分，由它们与阔叶树组成的针阔叶混交林也就有暖性、温性之分。针阔叶混交林（图3-8）在武夷山的分布面积较广，马尾松、杉木等暖性针叶树就常与阔叶树混交，成为暖性针阔叶混交林的2种群系的建群种，马尾松针阔叶混交林一般分布于海拔500—1100米的中低山山地，杉木针阔叶混交林分布于海拔500—1100米的缓坡地段，多为次生林或半自然林。

这类群落中的乔木十分高大，可形成2—3个亚层。个别群落的乔木有4个亚层，灌木有1—2个亚层，但草本层盖度差别很大，有的群落盖度达80%，有的则只有盖度为5%的苔藓。

五、温性针阔叶混交林

温性针阔叶混交林有柳杉、南方铁杉、黄山松与阔叶树组成的3个群系。柳杉针阔叶混交林在武夷山分布得很少，主要分布于海拔1600—1800米的局部地区，只有与多脉青冈混交的一处群落；南方铁杉针阔叶混交林分布于1500—1800米的高海拔地区；黄山松针阔叶混交林分布于海拔1100米以上的中山山坡或山脊地段。

柳杉、南方铁杉、黄山松均是高大针叶树，它们与阔叶树构成的混交群落中乔木有2个亚层，个别群落可有3个亚层，也有的仅有1个亚层，灌木也可有1—2个亚层，草本层有的较发达，有的盖度仅5%。

温性针阔叶混交林分布于常绿阔叶林与针叶林之间，与常绿、落叶混交林相互交错，是常绿阔叶林向中山针叶林、山顶矮曲林过渡的类型。与建群的针叶树混交的阔叶树有木荷、甜槠、缺萼枫香、浙闽樱桃、青冈、丝栗栲等。

图 3-8 武夷山针阔叶混交林（摄影：黄海）

六、暖性针叶林

武夷山的针叶林，特别是马尾松林，在区内所占的面积很大，森林蓄积量多，是武夷山植被的重要组成部分。针叶林及针阔叶混交林在全区所占面积超过2/5。

暖性针叶林（图3-9）又分为暖性常绿针叶林和暖性落叶针叶林2个植被亚型，共有4个群系。

暖性常绿针叶林有马尾松林、江南油杉林、杉木林3个群系，其中江南油杉林在武夷山国家级自然保护区建立前遭受过破坏。

马尾松林是植被恢复的先锋树种，是暖性针叶林的主要群落类型，主要分布在海拔200—1100米的丘陵、低山缓坡上。

暖性落叶针叶林仅有水松林群系，与江南油杉林一样，原分布于武夷山边缘地带，建区前遭受破坏。暖性针叶林群落中，乔木有1—4个亚层，灌木有1—2个亚层，有少量藤本植物，草本层各群落差别较大。

七、温性针叶林

温性针叶林（图3-10）树种均为常绿针叶树，有黄山松林、南方铁杉林和柳杉林3个群系。南方铁杉是第四纪冰川运动遗留下来的古老树种，在中国南方的其他地方也有零星分布，仅武夷山存在上千亩的连片天然南方铁杉林。

柳杉林分布于海拔800米以上的局部地段，多呈碎状分布，不是武夷山的优势群落。黄山松、南方铁杉等温性针叶林及其针阔叶混交林，分布于海拔1100—1850米的地带，在武夷山内仍保持着很强的原生性质。在黄岗山的东南坡、十里长坑等处存有由南方铁杉、黄山松的古老大树构成的纯林或混交群落。

图 3-9

武夷山暖性针叶林（摄影：黄海）

◣ 图 3-10 武夷山温性针叶林（摄影：黄海）

八、常绿阔叶灌丛

灌丛是以灌木为主的植被类型，群落高度在5米以下，盖度都大于40%。灌丛是在特殊自然条件下发育起来的植被类型，虽然在武夷山的森林生态系统中其面积所占比例不大，但却具有重要意义。灌丛的生态适应性比森林植被类型要广 。根据组成群落的物种种类不同，表现出不同的区系成分和生活型。武夷山的灌丛有常绿阔叶灌丛和落叶阔叶灌丛两种类型。

常绿落叶灌丛大多分布于海拔1000米以下的低山、丘陵，系受人为因素影响发育起来而又较长期相对稳定存在的次生植被，其典型代表是杜鹃花灌丛和檵木灌丛，武夷山共有4个此类灌丛群系。

九、落叶阔叶灌丛

落叶阔叶灌丛大多分布于武夷山海拔1000米以上的区域，处于森林植被的上限或林缘（图3-11）。落叶阔叶灌丛具有很强的原生性，曾有学者主张将其划归山顶常绿、落叶阔叶矮曲林。但此类灌丛群落不一定都分布在山地云雾区域，而且群落组成物种的生活型多样，群落有很强的适应性和稳定性，充分展现了特殊生态环境下原生性植被的类型特征。武夷山落叶阔叶灌丛有山柳灌丛、吊钟花灌丛、丁香杜鹃灌丛、绒毛豆梨灌丛、湖北海棠灌丛5个群系。

图 3-11 武夷山灌丛（摄影：黄海）

十、灌草丛

灌草丛是以多年生的高大草本植物占优势的群落类型，是乔木或灌丛遭受反复破坏后形成的次生性植被。武夷山灌草丛（图3-12）群落结构及种类组成简单，一般由芒萁、五节芒等单优种组成。灌草丛对保持水土，减少塌方、泥石流等地质灾害均有重要作用。

武夷山的灌草丛群落很狭小，共有五节芒灌草丛、龙须草灌草丛、芒萁灌草丛、蕨灌草丛、里白灌草丛5个群系。依类型不同，可反映出不同的生境条件，对林地土壤条件有一定的指示意义。

十一、草甸

武夷山草甸植被主要分布在黄岗山、诸母岗等海拔1700—2160.8米的山体顶部或缓坡低洼地段，这是一种在低温、风大、雨多、土层好等极特殊的立地条件下发育起来的植被类型（图3-13）。经武夷山科研人员长期观测研究，武夷山草甸属原生性强的亚热带森林区域典型草甸，共有3个群系，以野青茅、芒等为优势种，还有菊科、莎草科等中生植物混生其间，组成种类较为丰富，群落总盖度高达80%—95%，适应于低温、中湿的生态环境，在中国东南大陆具有典型性和代表性。

武夷山包含了中国中亚热带所有的植被类型，这一点是全球同纬度带中其他地区所没有的。武夷山有11类15个亚型的植被类型，共有56个群系，近200个群丛组，生物多样性丰富，是中国东南大陆，甚至全球同纬度带十分重要的森林宝库。

◤ 图 3-12
武夷山灌草丛（摄影：黄海）

◣ 图 3-13
武夷山中山草甸（摄影：刘达友）

南方铁杉林（吴元晶、李毓菲绘）

第四纪冰川末曾显著影响武夷山的植物群系，复杂的地形地貌和小气候条件，造就了孑遗植物的天然避难所。古老的南方铁杉依然屹立不倒，见证了冰河时代人类纪的悄然到来。远古历史的巧合与自然造化的巧妙推进着人类的发展繁荣。

第二节　子遗生物的避难所

武夷山属于中亚热带季风气候，具有气温低、降水多、湿度大、雾日长、垂直变化显著等特点。年平均日照时数1910.2小时，年平均气温17.0℃—18.4℃，最热月和最冷月平均气温分别为26℃和-1℃，年平均降水量1800毫米，平均相对湿度75%—84%，属于湿润地区，年平均雾日达120天，每年10月份早霜，次年3月份终霜，无霜期253—273天，年辐射量较低。武夷山独特的地理条件，使之具备了充足的光、热、水条件，十分有利于生物的繁衍，而且该地区因为未受第四纪冰川影响，是许多古老子遗生物的避难所。此外，武夷山大部分区域远离城镇，再加上长期交通闭塞，区域内的动植物资源受人为干扰、影响较小，绝大部分保存完好。

武夷山植物资源丰富，具有种类数量多、物种特异性高、物种组成复杂等特点。武夷山种子植物种类在我国中亚热带地区位居前列，其中有中国种子植物特有属27属，占中国特有属的11.1%。武夷山特殊的自然生境，为广布常见种发生变异进而形成变种或变型提供了条件。比如，分布于华东、华中、西南等地的软枣猕猴桃，在福建仅在武夷山有分布，并发现有紫果软枣猕猴桃变种；又如分布于华东、华中、华南的豆梨，仅在黄岗山顶发现绒毛豆梨变种。类似现象还有很多，说明武夷山保护区的植物资源不仅丰富多样，而且特异性和复杂性较高。

一、植物资源

经统计，武夷山高等植物共记录269科2799种。其中，苔藓植物70科345种、蕨类植物40科314种、裸子植物7科26种（图3-14、图3-15）、被子植物152科2114种。此外，还记录藻类73科191属239种、地衣13科35属100种。

武夷山的植物区系成分属于泛北极植物区与古热带植物区两个植物区系之间的过渡地带，具有过渡性明显、地理成分复杂等特点。

图 3-15

国家一级保护植物——南方红豆杉（摄影：徐自坤）

图 3-14　南方铁杉林(摄影：黄海)

武夷山植物海拔分布图

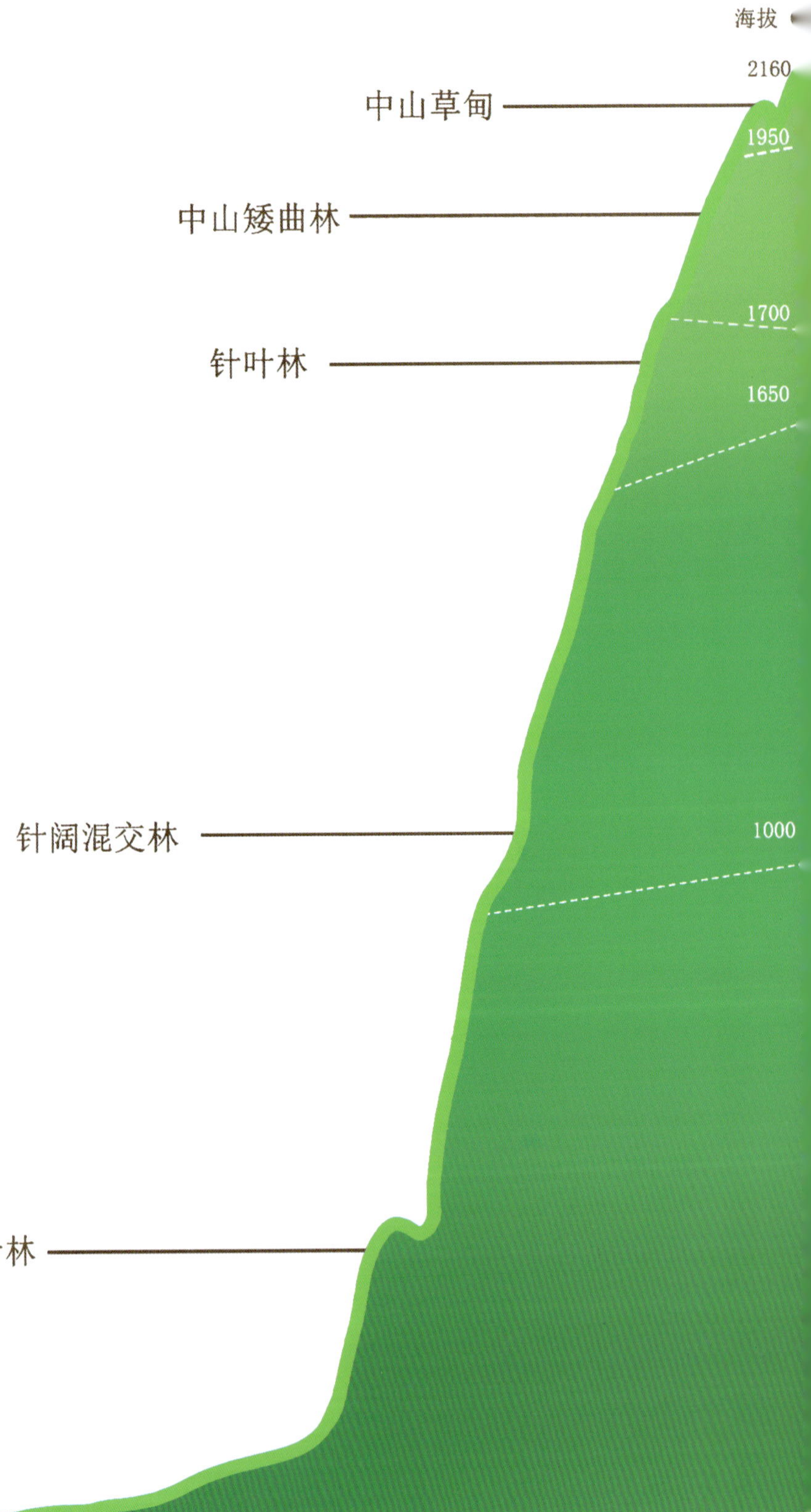

植被垂直带谱

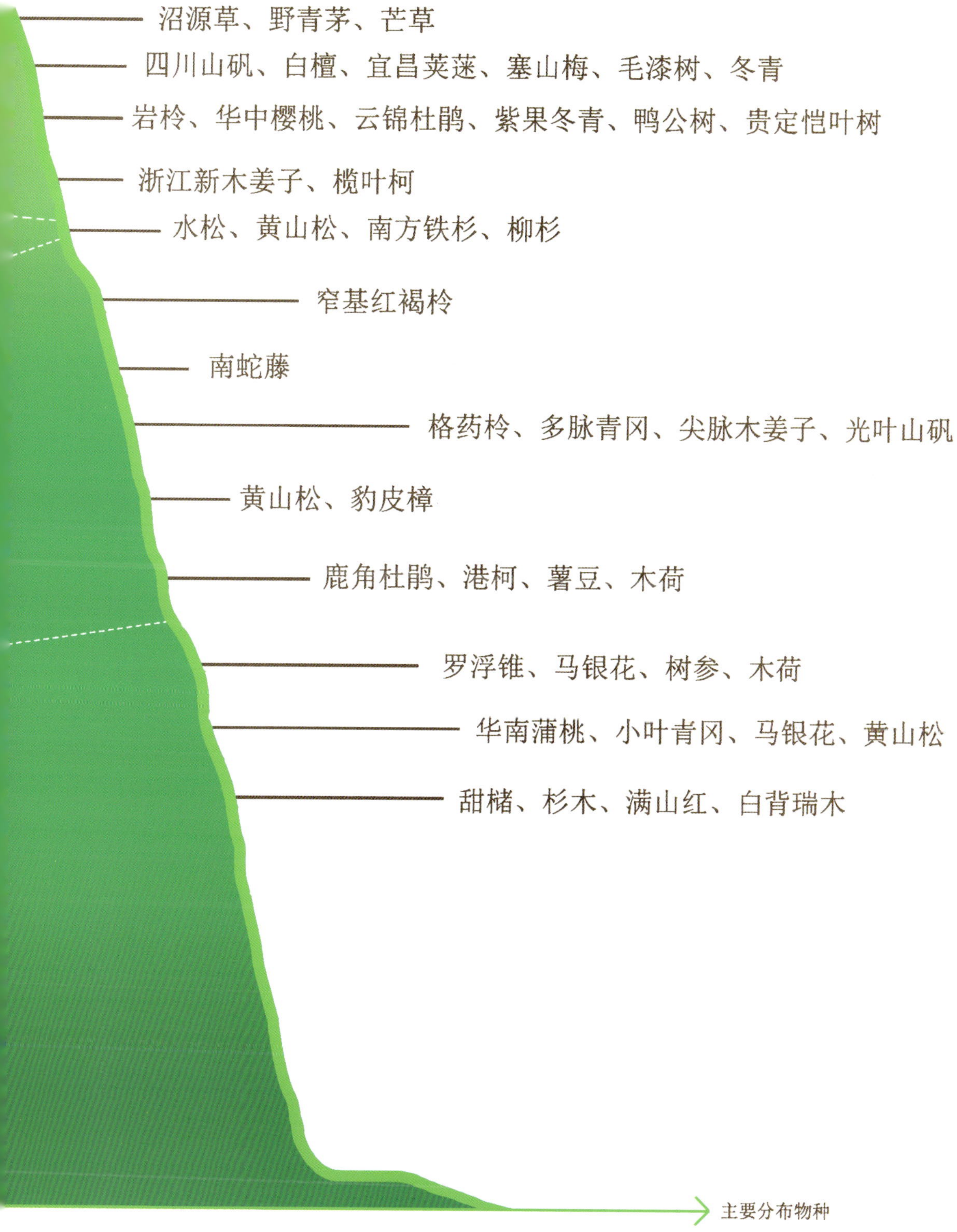

沼源草、野青茅、芒草

四川山矾、白檀、宜昌荚蒾、塞山梅、毛漆树、冬青

岩柃、华中樱桃、云锦杜鹃、紫果冬青、鸭公树、贵定恺叶树

浙江新木姜子、榄叶柯

水松、黄山松、南方铁杉、柳杉

窄基红褐柃

南蛇藤

格药柃、多脉青冈、尖脉木姜子、光叶山矾

黄山松、豹皮樟

鹿角杜鹃、港柯、薯豆、木荷

罗浮锥、马银花、树参、木荷

华南蒲桃、小叶青冈、马银花、黄山松

甜槠、杉木、满山红、白背瑞木

主要分布物种

武夷山植物档案

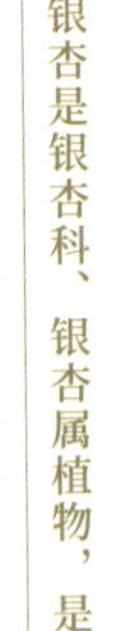

银杏

（摄影：黄海）

银杏是银杏科、银杏属植物，是我国特有珍贵树种，迄今已有3亿多年生活史，被称为植物界的『大熊猫』。中国人对银杏树情有独钟，在中华大地有崇拜银杏的文化现象，银杏和儒、墨、道、佛教都有渊源。

油杉

（摄影：陈世品）

油杉是松科油杉属高大乔木，特产于我国，古老残遗树种，国家二级保护植物。油杉具有极高的科研价值、经济价值和生态价值，多呈零星分布。福建有油杉树神变成人观戏并被后人奉为『罗柴公』的传说。

长鞘玉山竹

（摄影：徐自坤）

长鞘玉山竹是禾本科玉山竹属植物，主要在福建北部海拔 2100 米以上地区分布，黄岗山是其模式标本产地，圆筒形直立竿散生，箨环明显，箨鞘迟落，线状披针形箨片外翻，叶片线状披针形。

武夷凤仙花

（摄影：徐自坤）

武夷凤仙花是凤仙花科凤仙花属植物，是 2021 年在武夷山发现的新物种，该植物主要在林下、林缘、岩石表面较潮湿的地方分布，目前只在武夷山天游峰、大王峰、莲花峰、水帘洞等地能看到。

武夷山对叶兰

（摄影：徐自坤）

武夷山对叶兰是兰科对叶兰属植物，是 2021 年在武夷山发现的新物种，该植物主要在海拔 1800 米以上的地区分布，在有南方铁杉、多脉青冈、肿节少穗竹分布的林下较容易找到。

涧边草

（摄影：徐自坤）

涧边草是虎耳草科涧边草属植物，主要在福建北部海拔 1100—1900 米的沟谷林下分布，多年生草本，圆状心形叶片盾状着生，叶柄长，聚伞花序顶生，花果期 7—10 月。

枫香

（摄影：陈世品）

枫香树是蕈树科枫香树属的阔叶落叶树种，是我国著名的秋季红叶树种，也被称为『丹枫』，『停车坐爱枫林晚，霜叶红于二月花』，把枫香红叶活灵活现地展示出来。枫香果称为『路路通』，具有活血通络的功效。

毛竹

（摄影：黄海）

毛竹是禾本科刚竹属单轴散生型常绿乔木状竹类植物。竹子是中国传统文化的代表性元素，中国被誉为『竹子王国』，苏轼留下了『可使食无肉，不可居无竹。无肉令人瘦，无竹使人俗』的诗句。

根据武夷山737个被子植物属的地理区系成分分析，除81个世界广布属外，区内被子植物区系成分主要有古热带植物区系、新热带植物区系、泛北极植物区系、大洋洲植物区系四个植物区系及其12个亚区成分。其中，热带成分属343个（占总属数的52.3%），除泛热带地区成分外，还有亚洲—非洲亚区、热带亚洲（印度—马来西亚）亚区、亚洲—大洋洲亚区和美洲—亚洲亚区的地理成分。温带成分属313个（占总属数的47.7%），除北温带成分外，还有东亚亚区其他地区成分，如中国—日本、旧大陆温带（地中海亚区）、东亚—北美的间断分布成分、地中海—中亚—西亚地区等亚区成分，涵盖的范围十分广泛。

武夷山的植物区系成分十分古老而又复杂，标志着其植物地理区域辽阔，物种分布面广、交流分化的品种丰富，这与生物多样性有着十分密切的联系。

二、动物资源

武夷山素有“动物王国”“鸟的天堂”“昆虫世界”的美称，区域内自然条件优越，生物种类繁多，植被保存完整，为各类野生动物的繁衍生长提供了有利条件，是我国单位面积上野生动物种类、数量最为丰富的地区之一。

武夷山共记录野生脊椎动物558种5纲35目125科332属，其中，哺乳类79种8目23科56属（图3-16、图3-17）、鸟类302种18目59科167属、爬行类80种2目17科52属、两栖类35种2目10科26属、鱼类62种5目16科41属。此外，福建武夷山所在区域现已整理鉴定出昆虫6849种31目599科（图3-18），约占中国昆虫种数的1/5。

图3-16
国家一级保护动物——穿山甲（摄影：黄海）

图3-17
国家二级保护动物——毛冠鹿（摄影：万勇）

图3-18
国家二级保护动物——阳彩臂金龟（摄影：徐自坤）

红豆树

（摄影：陈世品）

红豆树为豆科红豆属的常绿或落叶乔木，红豆树在中华文化中有着深厚的文化底蕴。唐代诗人王维『红豆生南国，春来发几枝。愿君多采撷，此物最相思』，诠释了红豆树古老文化习俗和厚重森林文化与人文文化的历史渊源。

茶

（摄影：陈世品）

茶是山茶科山茶属的灌木或小乔木，叶用于制茶，是我国主要饮料，被称为『国饮』。中华文化与茶有不解之缘，人们常以茶会友，以茶赋诗，以茶作乐，并产生茶诗茶画，茶戏茶歌等茶文化，深刻地影响着人们的日常生活。

第三节 珍稀物种的基因库

武夷山生物多样性突出，在遗传多样性方面，具有特有性强、珍稀物种多、古老孑遗生物多、模式种标本多等特点。

珍稀物种包含濒危物种、渐危物种和稀有物种。濒危物种是指数量极少、生境处于灭绝危险中的生物；渐危物种是指种群数量逐步走向衰落、生境状况堪忧的生物；稀有物种是指生存环境独特、分布区狭窄或分布范围虽广，但数量很少的生物。武夷山有28种生物列入《中国植物红皮书》（第一册）的濒危、渐危物种；13种生物列入世界自然保护联盟（IUCN）物种红色名录；62种生物列入《中国生物多样性红色名录（2003）》；81种生物列入《濒危野生动植物种国际贸易公约》（CITES）附录Ⅱ（2007）；104种生物列入《中国野生植物保护条例》。

一、珍稀动植物

（一）珍稀植物

根据《国家重点野生保护植物名录（第一批）》（国家林业局和农业部1999年发布）、《中国植物红皮书》（第一册）（傅立国，1991）及《濒危野生动植物种国际贸易公约》（CITES）附录I、Ⅱ、Ⅲ（2017），武夷山共有各类保护植物114种，包括国家一级保护植物5种（银杏、水松、水杉、南方红豆杉和伯乐树），国家二级保护植物19种[粗齿桫椤、金毛狗、水蕨、白豆杉、香榧、鹅掌楸、厚朴、香樟、浙江楠、闽楠、金荞麦、蛛网萼、野大豆、花榈木、半枫荷、红椿、喜树、香果树（图3-19）和福建柏]；列入《中国植物红皮书》的有28种，其中二级重点保护植物9种，三级重点保护植物19种，稀有植物13种，渐危植物15种；列入《濒危野生动植物种国际贸易公约》（CITES）附录Ⅱ的有80种，除金毛狗、粗齿桫椤、南方红豆杉，其余全部为兰科植物（图3-20）。

图 3-19

国家二级保护植物——香果树

（摄影：徐自坤）

图 3-20

国家二级保护植物——台湾独蒜兰

（摄影：黄海）

(二) 珍稀动物

根据《国家重点保护野生动物名录》(2021年国家林业和草原局、农业农村部联合发布)、《濒危野生动植物种国际贸易公约》(CITES)、《中国生物多样性红色名录——脊椎动物卷》(2015) 和世界自然保护联盟 (IUCN) 物种红色名录 (2020) 等文件, 武夷山已记录的7407种野生动物中, 国家级重点保护物种、《濒危野生动植物种国际贸易公约》(CITES) 附录物种及受威胁物种有135种, 其中, 国家一级保护野生动物17种、国家二级保护野生动物84种;《濒危野生动植物种国际贸易公约》(CITES) 附录I野生动物14种、《濒危野生动植物种国际贸易公约》(CITES) 附录II野生动物

图 3-21
国家一级保护动物——黄腹角雉
(摄影: 万勇)

48种、《濒危野生动植物种国际贸易公约》（CITES）附录Ⅲ野生动物9种；《中国生物多样性红色名录》极危（CR）野生动物5种、濒危（EN）野生动物27种、易危（VU）野生动物41种；世界自然保护联盟（IUCN）野生动物红色名录极危（CR）野生动物2种、濒危（EN）野生动物6种、易危（VU）野生动物9种。此外，武夷山记录的655种野生脊椎动物中还记录中国特有种93种。

武夷山是黑麂、黄腹角雉（图3-21）、白颈长尾雉、金斑喙凤蝶（图3-22）、白鹇（图3-23）等国家重点保护野生动物在国内重要的分布区，具有极高的物种保护价值和栖息地保护价值。

图 3-22
国家一级保护动物——金斑喙凤蝶
（摄影：徐自坤、黄海）

图 3-23
国家二级保护动物——白鹇
（摄影：黄海）

二、模式标本产地

(一) 植物模式标本

早在19世纪,英国的罗伯特·福琼(Robert Fortune)、班得瑞(F.S.A.Bourne)和法国的谭微道(H.A.David)等生物学家就开始关注武夷山丰富多彩的植物种质资源。1945年,我国的蕨类植物学奠基人秦仁昌教授也多次进入武夷山考察,为武夷山植物研究做了大量工作,并发表了34个新种及变种。1964年,中国科学院植物研究所简卓坡和福建师范大学黄友儒等学者在黄岗山东南坡和西北坡共采集了1800多号标本。

数十年来,在武夷山范围内又调查发现高等植物新种57种,武夷山有植物模式种至少达到91种,其中,以"挂墩"命名的植物有挂墩鳞毛蕨;以"武夷山"命名的植物有武夷山天麻、武夷山薹草、武夷山方竹、武夷山苦竹、武夷山玉山竹、武夷山铁角蕨、武夷山凸轴蕨、武夷山鳞毛蕨、武夷山蹄盖蕨、武夷山花楸、武夷山空心泡;以"武夷"命名的植物有武夷蒲儿根(图3-24)、武夷粉被蕨、武夷耳蕨、武夷假瘤蕨、武夷瘤足蕨、武夷槭、武夷小檗、武夷石楠、武夷唐松草;以"福建"命名的植物有福建假稠李(图3-25)、福建淡竹苔、福建脉鳞苔、福建铁角蕨、福建天麻(图3-26)、福建假瘤蕨。

图 3-24
武夷蒲儿根(模式种)(摄影:黄海)

图 3-25
福建假稠李(模式种)(摄影:徐自坤)

图 3-26
福建天麻(新发表模式种)(摄影:陈新艳)

（二）动物模式标本

武夷山以动物新种模式标本种类众多而举世闻名，根据美国纽约自然博物馆两栖爬行动物学家波普（Clciford H.Pope）于1931年发表的论文统计，从1873年10月法国人谭微道（H.A.David）到武夷山挂墩一带采集动物标本并发表若干脊椎动物新种开始，在不到60年的时间里，在挂墩一带被发现、采集的脊椎动物新种达62种，其中，兽类15种、鸟类27种（图3-27）、爬行类14种、两栖类6种（图3-28、图3-29）。在如此小区域面积上发现62个脊椎动物模式标本确实罕见。因丰富的物种多样性，挂墩被动物学家称为"研究亚洲两栖爬行动物的钥匙"。此外，武夷山的昆虫模式标本种类更是达到23目194科1163种。武夷山是我国著名的昆虫模式标本产地，被誉为"昆虫世界"。

武夷山良好的生态环境和功能多样的森林植被是动物的理想栖息地。其中，挂墩和大竹岚是最主要的模式标本产地。挂墩是武夷山市桐木村的一个自然村，坐落于挂墩山间的小盆地上，我国动物学家郑作新、李铭新多次到挂墩采集。郑作新1981年发表的《福建武夷山地区鸟类区系初探》称"以往从挂墩及附近地区采得的鸟类新种有4种，新亚种达31个。这些新种类均以武夷山地区为其模式标本产地"。如今，英国伦敦、德国波恩、法国巴黎等地的博物馆中，也都收藏不少标有"中国挂墩"的模式标本。大竹岚位于先锋岭南坡，面积约5平方千米，是保护区桐木关至大竹岚断裂带的一部分。断裂谷底有一处冲积小盆地，大竹岚断裂谷两旁是绵延数里的毛竹海洋，杉木、马尾松、常绿阔叶树种等混生其中。

◤ 图 3-27
挂墩鸦雀（模式种）（摄影：蔡卫和）

◀ 图 3-28
崇安髭蟾（模式种）（摄影：黄海）

◣ 图 3-29
雨神角蟾（新发表模式种）（摄影：[美国]Kevin Messenger）

武夷山——鸟的天堂

黄腹角雉

（绘制：陈磊）

黄腹角雉属雉科角雉属，中国特有种，腹部羽毛呈皮黄色，主要分布在我国华东、华南地区，在武夷山属留鸟，少见。

白颈长尾雉

（绘制：陈磊）

白颈长尾雉属雉科长尾雉属，中国特有种，颈白色，脸鲜红色，主要分布在我国华东、华南地区，在武夷山属留鸟，少见。

白腿小隼

（绘制：游牧）

白腿小隼属隼科小隼属，头、头侧、后颈和整个上体黑色，前额有1条白色细线，主要分布在我国南部地区，在武夷山属留鸟，少见。

烟腹毛脚燕

（绘制：游牧）

烟腹毛脚燕属燕科毛脚燕属，上体钢蓝色、腰白、下体偏灰、尾浅叉，是体小、矮壮的黑色燕，在武夷山属留鸟，常见。

大白鹭

（绘制：游牧）

大白鹭属鹭科白鹭属，成鸟的夏羽全身乳白色，常栖息于水田、湖泊等湿地，全国均有分布，在武夷山属夏候鸟，易见。

三、特有动植物

(一) 植物特有属

武夷山受第四纪冰川的影响很小，加上复杂的地形地貌和小气候条件，使之成为古老孑遗植物的避难所，并且是孤立类型物种的产生地。区内存有许多古老、孑遗植物和系统演化上的原始或孤立的科属，如银杏、鹅掌楸、南方红豆杉、伯乐树（图3-30）、柳杉、南方铁杉，都有古老的大树分布，有的还形成颇为壮观的群落。此外，存在一定数量的古老的离心皮类植物，如木兰科、八角科、五味子科以及单型、少型科属的代表，也是该区域植物区系的特点（图3-31）。

武夷山地处两省交界，受到海拔、光照、湿度、坡向和坡位等因素影响，物种多样性有所不同，北坡物种丰富度相对较高，南坡植物区系较古老，裸子植物丰度略高。西北坡接收光照少，相对东南坡更加潮湿阴凉，高大乔木耐荫树种多，生境更为复杂，生物多样性高于东南坡。物种多样性在很大程度上决定了群落物种组成和空间分布格局，不同分布格局造成了森林微生境异质性，间接影响了群落的物种组成、种间关系，导致越复杂的空间格局物种多样性越高。

图 3-30

国家一级保护植物——伯乐树（摄影：黄海、徐自坤）

图 3-31

濒危保护植物——帽蕊草（摄影：徐自坤）

东北，越冬于长江流域至华南各地，在武夷山属冬候鸟，少见。

中华秋沙鸭

（绘制：陈磊）

寿带

（绘制：游牧）

寿带属王鹟科寿带属，雄鸟中央尾羽特别延长且分栗色型和白色型，雌鸟中央尾羽不特延长，在武夷山属旅鸟，少见。

红嘴蓝鹊

（绘制：游牧）

红嘴蓝鹊属鸦科蓝鹊属，以嘴、脚红色而名，体背蓝紫色，尾羽颀长，尾端白色，在武夷山属留鸟，常见。

海南鳽

（绘制：游牧）

海南鳽属鹭科鳽属，飞羽上有绿色的金属光泽，主要分布在我国华中、华东、华南和西南地区，在武夷山属夏候鸟，罕见。

中华秋沙鸭属鸭科秋沙鸭属，中国特有种，脑后有两簇冠羽，繁殖于我国

蛇雕

（绘制：陈磊）

蛇雕属鹰科蛇雕属，头顶有黑色杂白圆形羽冠，多成对活动，分布于西南、东南、华南等地，在武夷山属留鸟，易见。

挂墩鸦雀

（绘制：陈磊）

挂墩鸦雀属莺科鸦雀属，武夷山是其模式标本产地，嘴短而粗厚，尾比其他鸦雀短，分布于华中、华东、华南地区，在武夷山属留鸟，少见。

蓝喉蜂虎

（绘制：陈磊）

蓝喉蜂虎属蜂虎科蜂虎属，颏喉蓝色，两翅绿色，被誉为『中国最美的小鸟』，主要分布在我国南部地区，在武夷山属夏候鸟，常见。

鸳鸯

（绘制：陈磊）

鸳鸯属鸭科鸳鸯属，鸳指雄鸟，鸯指雌鸟，雌雄异色，雄鸟嘴红色，羽色鲜艳而华丽；雌鸟嘴黑色，羽色灰褐色，在武夷山属冬候鸟，易见。

小燕尾

（绘制：游牧）

小燕尾属鹟科燕尾属，嘴直而壮，嘴须发达，前额白色，翼上有白色条带，在武夷山属留鸟，易见。

彩鹬

（绘制：游牧）

彩鹬属彩鹬科彩鹬属，嘴细长，尖端向下弯曲，单独或群体在水塘、沼泽等湿地活动，繁殖于环渤海、四川盆地等地，在武夷山属留鸟，易见。

白鹇

（绘制：陈磊）

白鹇属雉科鹇属，国家二级保护动物，雄鸟脸赤红色且头上羽冠及下体蓝黑色，雌鸟上体棕褐色，在武夷山属留鸟，易见。

斑头大翠鸟

（绘制：游牧）

斑头大翠鸟属翠鸟科翠鸟属，身体渲染蓝绿色，背部中央有一条亮绿色纵线，主要分布于福建和江西，在武夷山属留鸟，罕见。

红尾水鸲

（绘制：游牧）

红尾水鸲属鹟科水鸲属，雄鸟通体暗灰蓝色，两翅黑褐色，尾羽红色；雌鸟上体灰褐色，在武夷山属留鸟，常见。

戴胜

（绘制：游牧）

戴胜属戴胜科戴胜属，头顶羽冠呈扇形状，飞羽具多道白色横斑，翅上覆羽黑色。全国均有分布，在武夷山属留鸟，少见。

小天鹅

（绘制：游牧）

小天鹅属鸭科天鹅属，成鸟全身羽毛白色，雌雄同色，鸣声清脆如『叩，叩』的哨声，在武夷山属旅鸟，少见。

（二）动物特有种

武夷山记录的558种野生脊椎动物有中国特有种74种，其中，哺乳类4种，黑麂、藏酋猴（图3-32）、小麂、中华山蝠；鸟类10种，黄腹角雉、白颈长尾雉（图3-33）、白眉山鹧鸪、棕噪鹛、蓝鹀、画眉、海南虎斑鳽、灰胸竹鸡、领雀嘴鹎、白腹蓝姬鹟；爬行类14种，崇安草蜥、赤链华游蛇、蹼趾壁虎、北草蜥、平鳞钝头蛇、中国钝头蛇、福建钝头蛇、锈链腹链蛇、挂墩后棱蛇、山溪后棱蛇、崇安石龙子、海南闪鳞蛇、大鲵、中国小鲵；两栖类14种，小棘蛙、东方蝾螈、崇安髭蟾、竹叶蛙、福建大头蛙、黑斑肥螈、淡肩角蟾、三港雨蛙、昭觉林蛙、金线侧褶蛙、阔褶水蛙、武夷湍蛙、经甫树蛙、大树蛙；鱼类32种，长薄鳅、长身鳜、大眼华鳊、台湾白甲鱼、半刺光唇鱼、侧条光唇鱼、带刺光唇鱼、武夷光唇鱼、须鱊、似鲭、福建小鳔鮈、乐山小鳔鮈、点纹银鮈、细纹颌须鮈、短须颌须鮈、拟腹吸鳅、纵纹原缨口鳅、裸腹原缨口鳅、缨口鳅、花尾缨口鳅、斑纹缨口鳅、台湾缨口鳅、扁尾薄鳅、叉尾拟鲿、白边拟鲿、钝吻拟鲿、圆尾拟鲿、切尾拟鲿、鳗尾、福建纹胸鮡、暗鳜、戴氏吻虾虎鱼。

图 3-32
国家二级保护动物——藏酋猴（摄影：黄海）

图 3-33
国家一级保护动物——白颈长尾雉（摄影：黄海）

第四章　闽越文化 汉风千年

闽越王城遗址承载着灿烂一时的闽越古国文化。秦汉时期，闽北崛起为闽越国的政治中心，闽越王城被誉为“江南第一城”。墓葬悬棺、城村汉城遗址等遗迹见证了闽越国的悠久文明和辉煌文化，闽越王城博物馆展示了数以千计的出土文物，解答了闽越国的千年文化之谜（图4-1）。

图 4-1 闽越王城遗址（摄影：黄海）

第一节　闽越王城展遗风

闽越王城遗址是武夷山世界文化和自然遗产的重要组成部分，具有丰富的历史底蕴和文化遗产价值，向全世界展示了闽越古国的辉煌历史。

一、汉城遗址历史透视

闽越王城，即前闽越国都城，古称东越。秦朝末年，反秦大起义中，闽越一族也率兵加入其中，最终和中原人民一同推翻了秦王朝的统治。之后，刘邦和项羽之间又爆发了一场大战。这场战争中，闽越一族的军队在楚汉之争中发挥了重要作用。最终，在公元前202年，汉高祖刘邦恢复被秦王废为君长（郡主）的闽越王无诸的地位，无诸成了西汉中央王朝首封的少数民族异姓诸侯，在武夷山一带修建了闽越王城。

"古粤城村"是闽越王城遗址边缘的一个古村（图4-2）。自古以来，城村被外界称为

图 4-2　武夷山古粤城村（摄影：黄海）

"古粤"或者"粤城"，实际上，这里的"粤"即是"越"，也就是"古越城村"，"越"代指我国古代生活在东南和南部的少数民族。据有关记载，公元前110年，闽越国势力强大，不服管束，汉武帝便命令军兵南下。自此，闽越王城毁于一旦。古越城村的居民被赶到江淮一带，这块古老的土地很长时间便处于荒芜状态。宋元时期，城村凭借优越的地理位置、良好的自然环境等因素大力发展手工业和商业，明清时期达到巅峰。

直到1958年，这处距今2000多年的闽越王城遗址才在武夷山市兴田镇城村西南处被发现。闽越王城的发现并不是偶然的，而是根据一系列历史线索，比如城村遗址、墓葬、宫殿等遗迹。考古学专家通过对这些古遗址进行系统的历史研究和实地调研，最终确定闽越王城的范围——位于距武夷山市35千米的兴田镇城村。闽越王城周围群山环抱，东部、北部、西北部被崇溪所环绕。可以看出，古汉城以河为壕堑，以山为屏障。

城村汉城遗址被称作"中国的庞贝城"，是目前福建省面积最大的田野考古遗址（图4-3）。整个遗址保护规划控制面积约14.6平方千米，是目前国内规模较大、级别及保存完好度都较高的汉代城址之一。作为我国古代南方城市的一个典型代表，汉城在中国和世界建筑史上占有重要地位。

图 4-3　武夷山汉城遗址（摄影：黄海）

二、汉城遗址空间结构

闽越王城周围山势起伏，西面高，东面低，坐北朝南，四周被群峰包围。崇山峻岭之间有一条溪流绕城而过。

王城城内大型建筑基址主要集中在中部和北部，城内高胡坪是王城内的中心建筑，高胡坪宫殿建筑面积约20000平方米。除此之外，宫城内还有西部下寺岗、下寺顶，北部的大岗头、乌龟山顶，东部的高胡坪东坡、高胡下坑等多处较大型宫殿建筑遗址。另外，在城内还发现了两组排水系统、多处居住区、古道路，其中特有的排水系统让人感叹古人的智慧[图4-4(a)(b)]。

城墙夯土而成，长近3千米，高几十尺；城门构筑七个门，有四个陆门、三个水门；城墙上建有烽火台、城楼，具有一定的军事防御功能。另外，宫殿建造在城中心的高胡坪上，以木桩作底，采取的是离地几米高处架设地板的手法，整个宫殿由大门、门卫房、庭院、殿堂、东西厢房、西侧殿、东暖房、西天井、东西廊庑等组成，格局甚是壮观，令人称奇。

图4-4(a)排水管道（摄影：刘达友）

图4-4(b)空心砖（摄影：刘达友）

三、汉城遗址建筑遗迹

经过多年努力，考古工作队探明了城内外多处大型建筑群基址：1985年确定高胡南坪为大型宫殿基址；先后对受损的北岗建筑遗址进行了全面发掘，确立了东城门的结构和具体位置，并在下寺岗遗址点清理出许多重要建筑遗迹。

(一) 宫殿建筑遗址

基于基址遗存大小，城内遗址分为宫殿建筑组群与大型建筑组群。宫殿建筑组群按地形又可分为高胡南坪与高胡北坪。高胡南坪建筑基址分为甲、乙两组，东部为“高胡南坪甲组建筑群基址”，西部为“高胡南坪乙组建筑群基址”，特别是已发掘的高胡南坪甲组建筑，面积达10000平方米，呈现为一座左右对称、规模宏大的封闭式宫殿建筑。高胡北坪宫殿建筑角南隔高胡上杭与高胡南坪宫殿建筑南北对应，文化堆积较薄，受破坏较严重，表面暴露大量汉代陶、瓦片。

(二) 官署区建筑遗址

官署区建筑遗址位于城村东南部的门前园，东距崇阳溪400米。遗址所在地是一座高出周围水田2—2.5米、近似长方形的台地。1981年考古发掘时，出土了大量的板瓦、筒瓦、陶片等建筑材料，在地层堆积的汉代文化层出土釜、罐、瓮、盆、盒、匏壶、盅等各类日用陶器[图4-4(c)(d)]。从发掘情况来看，遗址瓦砾层最为丰富，“万岁”等多种文字瓦当的出土，表明具备一定等级。在城内外所出土的为数不多的陶提桶中，门前园遗址就出土了4件，说明门前园遗址在城外诸遗址中地位较为显要。

图4-4(c) 陶瓷盖(摄影：刘达友)

图4-4(d) 支座(摄影：刘达友)

（三）场外其他建筑遗址

北岗建筑位于城址东门外东北侧紧贴城墙一高地。北岗高于周围约7米，总体呈西高东低，平面呈方形，面积约12000平方米。北岗一号建筑遗址于1985至1986年被全面发掘，是一座由四面墙围起来的封闭式建筑，在此封闭式建筑中又建有三个既可独立也可联结的单体式建筑，总建筑面积约1500平方米。北岗二号建筑遗址总面积约2600平方米，位于城墙与一号建筑遗址之间，于1988年分两个阶段被发掘。建筑遗址以近长方形台基为主体，台基东边有一条南北向墙基，墙东侧设有宽2米左右的南北向廊庑。城门南岗建筑基址与北岗南北对应，台面较为不平整，于高地上零散分布汉代瓦片。

（四）手工业作坊遗址

在宫城西部的元宝山上，出土了锸、铲、镰、刀、斧、凿、锤等汉代铁器，在元宝山山顶和半坡散落着铁锰结核块。除此之外还出土了盅、桶形器等6件陶器，以及1件石器。其中铁器数量最多，有22件，分几组堆放，其中80%以上为农具。由此可以推断，这是一处铁农具手工业作坊遗址。此外，城村后山制陶作坊遗址南距城村汉城遗址约400米，处于后山向东延伸的坡地。

四、汉城遗址墓葬

丧葬作为上古原始宗教最常见的一种表现形式，是对死者崇拜的一种体现，其中也蕴含着人们对另一个未知而神秘的世界的一种理解，是上古社会意识形态的表现形式之一。

闽越王城中也存在与古城相关的墓葬区域，城址东南、南面以中小型墓为主，属于平民墓葬；西面、北面分布有较为密集的贵族大墓，属于贵族墓葬。

福林岗汉墓和渡头墓地均属于平民墓葬，前者位于城村汉城遗址南墙外福林岗西麓，为3.16米×1.2米的长方形竖穴土坑，地面暴露汉代陶器碎片多处，9件随葬品分置于墓室南端的东、西两侧，其中钵3件、罐4件、瓿1件、匏壶1件；渡头墓地，位于崇阳溪东渡头村南侧的低矮山冈，已经发现汉代竖穴土坑墓4座。

牛山一号汉墓应为闽越诸侯王陵，位于城村汉城北部牛山顶，为福建省所发现最大的汉代墓葬，平面呈“甲”字形，有外藏椁，墓上有较高封土，隆起明显，系人工堆筑而成。

第二节　闽越文化连古今

汉城遗址的人文历史价值以及文物所具有的考古价值较高，是一处不可多得的古文化重要遗产。“闽越王城遗址”的发现，填补了中国城市发展史上南部山地型王城的空白，为汉代山地都城遗址的研究提供了宝贵资料。

一、闽越王城的考古价值

闽越王城遗址是目前中国长江以南保存较为完整的一座汉代古城址。王城中富有历史年代气息的城门、城墙（图4-5）、长廊、器具物件、古井等残存至今。尽管这些古文物和之前相比，色泽、完整度、形态等发生了些许变化，但这丝毫不影响它们所代表的历史时期。时至今日，关于闽越王城仍有许多未解之谜，等待着人们去发现。

在格局方面，闽越王城在建筑构造、创建选址及整体风格上都富有地方特色，是中国古代南方城市典型的古王城。闽越王城的祖庙设在东门外左侧，建筑手法上仿照秦都汉宫的作风，但在具体结构上，却保留了地方特色的干栏式建筑。整座宫殿都是先用草拌泥抹平，然后上白灰，最后在表层加上彩绘，比起同时期的古罗马建筑手法和风格毫不逊色。

在文物考古方面，古城遗址现已发掘出土4000多件珍贵文物，其中花纹空心砖、铁矛头、铁五齿耙、铁三股渔叉、回形管道、宫内浴池均是全国同类文物之最，具有重要的文物考古价值。遗址内一口至今保存完好、水源优质的“江南第一井”，具有极高的考古研究价值。闽越王城历史文物反映的是古老王国的辉煌往事和厚重文化，展现了闽越王城在历史文化中的发展过程。从农耕、商贸、制陶、冶炼、武备、宗教祭祀、捕猎狩猎、墓葬文化等领域可以透视闽越古国繁荣发展的历史。

图 4-5　古汉城城墙（摄影：郑友裕）

二、汉城遗址的保护管理

武夷山汉城遗址于1996年12月被列入第四批国家级重点文物保护单位。汉城遗址的保护管理主要围绕保护遗址、宣传遗址、制定古遗迹保护规划等工作来开展。在全面梳理、详细调查闽越王城及遗址地范围内文化遗产的基础上，根据保护实际情况，按照国家对世界遗产、重要文物及非物质文化遗产的保护要求，编制遗产保护专项规划，明确保护重点，明晰管理责任，并提出针对性的文化遗址资源保护措施。

在遗址保护方面，注重保护遗址的完整性。严格控制一切与遗址保护无关的建筑物、构筑物的建设，严格控制城村古村落发展，古民居展示体现明清建筑格局，严格控制一切有损生态环境保护的建设性行为。同时，加强原生植物绿化，保护原生物种群的完整性，防止灾害的发生和预防环境污染。在不改变原来整体环境风貌、突出汉城遗址特征保护的情况下，进行适度环境整治和遗址区域的开发利用。

在宣传展示方面，基于遗址的完整性开展遗迹保护宣传工作。增加遗址展示区域，提高闽越王城遗址的文化知名度，将闽越王城区发展成一个集文物考古、科普教育、文物展示参观等功能于一身的遗址公园。

新发展阶段，以发展的眼光来看待古城遗址的保护工作，全面系统地考虑遗址的相关保护工作制定，遵循保护为主、适度利用的原则，积极探索适合汉城遗址的可持续发展路径，努力实现保护与开发之间的共赢。

图 4-6 闽越王城博物馆（摄影：黄海）

三、闽越王城的博物保护

福建闽越王城博物馆位于兴田镇，建于1999年，是全国重点文物保护单位——城村汉城遗址的管理单位，属于遗址类博物馆，主要展示汉城遗址出土文物（图4-6）。

闽越王城遗址中出土的历史文物大部分置于博物馆中进行展览，向全世界传播闽越文化遗产。闽越王城博物馆占地15亩，是中国目前唯一一座仿汉博物馆，为武夷山列入世界文化和自然遗产提供了有力的支撑（图4-7）。

博物馆依宫殿基址而建，馆内藏品精粹，不乏空心砖、“万岁”瓦当、陶鼎等精品文物，其中不少堪称当时全国之最，集中重现了西汉时期闽越王国的生活风貌，展示了闽越千年灿烂文明。

图 4-7 闽越王城博物馆鸟瞰（摄影：黄海）

第五章　朱子桑梓　理学之光

“宇宙间三十六名山，地未有如武夷之胜；孔孟后千五百余载，道未有如文公之尊。”[①]武夷山是自然与文化和谐相融的典型代表，在武夷山的碧水丹山中，朱子理学孕育而生。朱子理学不仅继承了孔孟儒学的道德标准与伦理纲常，同时融会了佛教的哲学经典、道教的宇宙自然观。程朱理学自创立以来，向海内外社会各界传播，产生了深远影响。宋以后的上百年间，中国、朝鲜、日本、越南等国家纷纷将理学奉为治国理政、教化育民的主流思想。作为朱子理学发源地，武夷山如今仍是全世界研究朱子理学乃至东方文化的重要阵地（图5-1）。

图 5-1　五夫镇朱熹塑像（摄影：黄海）

①（元）熊禾：《重修武夷书院疏》，载董天工：《武夷山志》（中册），方志出版社 2007 年版，第 567 页。

第一节　萌芽与发展

“千古敏以求，性天学述二程子；三字不远复，心地功行九曲溪。”①九曲溪连绵不绝的溪水与层峦叠嶂的奇山环境构成了动静结合的自然环境，其便利的水陆条件及幽静的深山密林，广受文人雅士推崇。在这样的山水摇篮中，朱子理学孕育而生。

一、始于“二程”就学五夫

溯源理学，在朱熹之前，便有儒学大家在武夷山讲学授徒。北宋游酢和杨时师从程颐与程颢。他们潜心求学后，作为“二程”的得意门生，学成南归，选择了武夷山作为理学南传的第一站。他们长期在武夷山讲学授业，积极传播“二程”思想，为理学文化在武夷山的兴起奠定了基础。游酢在武夷山建造了水云寮书院，广收学生，讲学著述，撰写了理学著作《易说》《诗二南义》等书，他将程颢的日常言语行为记录整理成书——《明道先生语录》。游酢思想体系逐步完善，并通过著书与门人推广传播，被后人尊称为“道南儒宗”。

理学一派在武夷山一带植根繁衍，历史上众多著名的理学家接踵而来，在崇安五夫里（今武夷山五夫镇），涌现了一批理学家，如胡安国、胡宏、胡宪、刘子翚、刘勉之等人。他们在武夷山潜心钻研“二程”经学，切磋学问，传道授业。他们著书立说，编写了《春秋胡氏传》等众多理学著作，为武夷山理学思想萌芽和发展奠定了基础，是闽学以及理学文化的先驱。

著名理学家刘子翚、刘勉之以及胡宪是朱熹学习理学文化的引路人。“二刘”隐居于武夷山中，绍兴元年（1131），刘子翚主管武夷山的冲佑观，传道授业。刘勉之则隐居草堂中，读书著述，耕稼自得。胡宪长住籍溪山居中，专心于求学问道。三位理学先贤钟爱武夷山水，在自然山水中筑室讲学，与众弟子一同研究儒学诗文。朱熹生于战乱年代，举家奔波。三位理学大家与朱熹父亲朱松为密友，因此朱松

①赵朴初：武夷山朱熹纪念馆抱柱联。

去世后将儿子朱熹托付给三人教养。年少时期的朱熹跟随家人搬迁到武夷山的五夫镇，随后他便在此研学读书、躬耕授徒。朱熹在少年时期便接受了全方面的儒学教育。他与理学挚友刘甫常跟随刘子翚，并同其讨论学问。朱熹为能领略“圣贤之域”，深入学习“二程”思想，为后来成为理学集大成者奠定了基础（图5-2）。

图 5-2　武夷山理学先贤（摄影：郑友裕）

二、潜心育人 体系终成

朱熹的一生与武夷山有着十分密切的关系，他除了“仕于外者仅九考，立于朝者四十日”[①]外，在武夷山度过了近五十年。朱熹一生三次出仕，曾任同安主簿、知南康军、知漳州等官职。剩余年岁，他几乎都在武夷山筑室传道、讲学授徒，专心致志地从事学术活动（图5-3）。

图 5-3 朱熹像（摄影：郑友裕）

绍兴二十七年（1157），朱熹以祠官的身份，回到武夷山，隐居于崇安及毗邻的建阳（图5-4），开始了长达二十年的著述讲学。武夷山的水帘洞、冲佑观、桃源洞等多地都留下了朱熹讲学的足迹。朱熹陆续编著了《论语要义》《二程遗书》等三十多部重

图 5-4 朱子故里五夫镇（摄影：黄海）

① （清）黄宗羲：《宋元学案》。

要理学著作。与此同时他潜心筹划《四书章句集注》，各部分初稿逐步成型，进一步奠定了朱子理学的基础。随着朱熹二次宦游归来，他著书立说的同时，着手筹建武夷精舍（图5-5）。淳熙十年（1183）四月，精舍落成后，朱熹便专心于在武夷精舍中传道授业、著述研理，直到他第三次出仕。在此八年期间，四方学者纷至沓来，朱熹学派的中坚人物都聚集在武夷山中，刻苦钻研、潜修学问。朱熹反复斟酌《四书章句集注》，将自身教学育人的思想和经验融入其中，逐步完善这部著作。伴随着《四书章句集注》的完成，朱熹育人及学术的核心思想便随着书籍的传阅，逐步传播开来。

朱熹终其一生专注于学术研究与著书立说。朱熹在武夷山的半个世纪里，著有《周易本义》《资治通鉴纲目》《八朝名臣言行录》《四书章句集注》《西铭解义》等理学著作，探寻人类在无垠宇宙里的地位，寻求精神修养的方法。他集理学之大成，奠定了理学的学术基础与范围，完善了理学博大精深的思想体系。

图5-5　武夷精舍（摄影：郑友裕）

朱熹注重讲学立道，培养了众多的优秀学子，先后创立修建了寒泉精舍、武夷精舍、竹林精舍（后改为考亭书院）等书院，在武夷众多书院中武夷精舍最为重要，书院的建成进一步促进朱子理学发展，丰富了武夷山的历史文化，让武夷山逐步成为历史理学名山，故被赞誉为“闽邦邹鲁”“道南理窟”。朱熹授教门生达上千人（图5-6），蔡元定、刘爚、蔡沈等朱熹门人后来均成了理学门派的重要人物。朱熹认为，书院的教育宗旨应让学生博学明智、善问慎思、明辨笃行，并且要加强修身处世，而不只是空泛读书。通过门人弟子传播，朱熹的理学思想得以传承和发扬，并在后来形成一个颇具影响力的学派——考亭学派。朱熹理学思想的发展和传播，让武夷山逐步成为宋代的理学文化中心，并迎来了理学的鼎盛时期。

图 5-6 朱熹育人授道塑像（摄影：郑友裕）

三、矗立丰碑　道泽百世

为了实现以学问济世的夙愿，朱熹晚年并未停下手中之笔，除了坚持讲学，始终日夜笔耕不辍，著述迭出。他在考亭书院完成了毕生学问的最后总结，建立起完整的“四书学”。他站在理学立场，革新并发展经学，完成了《四书章句集注》等著作（图5-7），成为一代理学大师以及经学大师。他所建立的理学体系受到了历朝历代人民的褒扬和尊崇。

图 5-7 《四书章句集注》（摄影：郑友裕）

为传承朱熹的思想与意志，众多理学家继承朱熹衣钵，长居武夷，建立书院，并以传道授业为己任。著名理学家蔡元定师从朱子，祖孙四代均为理学大家。蔡氏一族长居武夷，筑室授徒，传承理学。蔡氏一门是有名的儒门世家，蔡元定及父亲蔡发，儿子蔡渊、蔡抗、蔡沈，孙子蔡格、蔡模、蔡杭、蔡权均是理学大家，因此被后人誉为“蔡家九儒”。蔡家选址武夷山一曲溪的太极岩东麓、兜鍪峰之后建造了书院——“牧堂”，躬耕授徒，培养出众多理学名家、文人雅士。

南宋末年国势日衰，著名理学家徐几、詹琦报国无门，双双隐身不仕，常居武夷山中研习理学。徐几通过撰写《易辑》《易义》，进一步系统地阐明理学思想，对理学的发展作出了重要贡献。清代宿儒董天工曾称赞他：“尤精于《易》，自晦翁之后，理学之传，独臻其奥。”[①]理学家詹琦精于诗文，为了更好地探研理学，他选址九曲平

① （清）董天工：《武夷山志》，载董天工：《武夷山志》（中册），方志出版社 2007 年版。

川，建造了“静可书堂”。

元朝年间，在武夷山众多理学家中，熊禾和杜本最为著名。熊禾师从朱熹门人辅广。宋朝灭亡后，他拒绝入仕，隐居武夷山中，并且在五曲溪处晚对峰麓整修了“洪源书室”。熊禾隐居的12年里，勤于研习朱子思想，并撰写了《书说》《大学讲义》《升真观记》等诸多著作与诗文。元仁宗将《春秋传》《四书章句集注》《诗集传》以及《书集传》等多部武夷山学者所著的理学书籍列为开科取士的经文定本，至此确定了武夷山在当时全国学术界以及文化界的领先地位。

至明代，理学界兴起了“阳明学派”。该学派创始人为理学名家王阳明。他曾两次游览武夷山，并且为武夷山增添了不平凡的篇章。与此同时与武夷山结缘的明代理学家还有陈省、李材、黄道周等。他们均曾在武夷山隐退、讲学或是游览，并留下了书院、石刻以及理学相关书卷诗词，进一步发扬朱子理学，为理学的传播作出了巨大的贡献。

武夷山对朱子理学至关重要，其重峦叠嶂的自然山水，孕育且见证了朱子理学的形成和发展。历代理学大家及弟子在武夷山的三十六峰间、九曲溪流畔筑室办学，著书授业，弘扬传播理学文化。在一代代的理学大儒的共同努力下，武夷山成了全国的理学圣地，朱子理学最终弘扬天下，道泽百世，并成为中国封建社会后期的正统思想文化。

第二节　千年儒释道

南宋时期，随着理学在闽北扎根并且发扬光大，武夷山逐渐成了辐射中国南方的文化中心。与此同时，闽北地区佛教道教兴起，僧道们的寺观，不但占尽风景胜地，并且逐渐形成影响全国、惠及后世的著名门派。武夷九曲溪畔水帘洞内曾建有供奉了孔子、释迦牟尼和老子的三教堂。朱子理学在形成过程中深受武夷山地区的佛道影响，相互促进发展。

一、理学与道教相辅相成

武夷山历代备受朝廷重视，被列为道教第十六洞天。众多道教之人于武夷山中隐居、传道和炼丹。朱熹在成长过程中接触过关于武夷山的神仙传说如武夷君，以及历代道教人物、宫观等道教文化要素，并兼收并蓄（图5-8）。

理学的“太极”“理气”等思想观念带有明显的道门色彩，存在共通之处。朱子理学在萌芽形成过程中吸收了道门思想。理学中太极、无极、天理集于一体的说法，同时也为道教内丹修炼认识深化提供了可借鉴的思想资源，明确了道教在炼丹实践过程中内在化的需求，一定程度上促进了道教内丹理论体系的构建与完善。

图 5-8 武夷山老君像（摄影：杨梦琪）

二、佛教对理学潜移默化

两宋时期，佛教盛行，发展规模达到了顶峰，佛寺数量众多，佛教信众广泛。因此包括朱熹在内的理学先贤们生活在一个充满佛教和佛学气息的文化圈中，使得理学思想在形成过程中受到了佛学思想潜移默化的影响（图5-9）。

周敦颐、“二程”、张载、杨时、罗从彦、“二刘”、朱松等众多理学先驱在他们思想形成的过程中深受佛教思想的影响。他们大多数手持儒学经典，常年出入于寺观之中，与僧人交往频繁，喜爱阅读佛学相关的书籍。因此理学文化在萌芽过程中就出现了佛学的痕迹。朱熹自小便与武夷山的多位名僧高道交往频繁，喜爱阅读佛学典籍，进而在后期理学思想中明显地表现出与佛教、佛学紧密的联系。“存天理，灭人欲”是朱熹思想上的重要观点。所谓“人欲”即贪、嗔、痴、慢、疑、杀、盗、淫、妄、酒，而此与佛教中的十善、五戒相似。

图 5-9 武夷山禅寺佛像（摄影：郑友裕）

第三节　传承古遗迹

武夷山是文化与自然和谐相融的典型代表,朱熹及其弟子门人在武夷山游览隐居、著书立说的过程中,在丹霞九曲之中留下了众多与朱子理学相关的历史遗迹:隐于大泽深山的理学书院和记录历史的摩崖石刻。这些历史遗存传承记录了千年来朱子理学在武夷山形成、传播、发展的全过程。

一、理学书院 翰墨遗韵

“武夷山下,犹有丝纶遗韵;九曲溪畔,尚留翰墨余香。”武夷山的理学书院是各朝代理学大家为著述授业所修建的山房古建,汇聚了众多理学门人子弟,是武夷山的重要历史遗迹和文化景观,为历史的传承作出了重大贡献。书院创建者及就读生大多为理学家、名贤、名臣高士,他们在武夷山进行各种学术活动。武夷山内书院数量众多,可考究的书院有 30 多处,大多分布在九曲溪沿岸。这些书院风格富有南方特色,完美融合于自然之中。但因年久失修,目前书院建筑大部分荒废,现今保存较好的书院有水云寮、叔圭精舍、仰高堂、屏山书院等。这些遗留的书院遗址,是武夷山一笔独特、不可再生的珍贵历史文化遗产。

据历史资料记载,武夷山理学书院的建造主要从北宋开始,一直到清朝结束,其中,南宋建立的书院数量是历代之中最多的,元朝建立的书院数量最少。书院数量的消长主要受到各个朝代的社会统治背景影响。北宋时期,福建理学奠基人游酢和杨时学成南归,即“吾道南矣”。南宋时期,武夷山书院林立,山房众多。朱熹、陆九渊等理学大家将思想文化发扬光大,因而在此阶段内门徒弟子数量激增,众多官僚与学士慕名而来,拜谒武夷,进一步促进理学文化思想的交融与发展。元朝历时较短,社会格局动荡,鲜出理学大家,因此在元朝时期武夷山设立书院数量不多。但正是从元朝开始,理学真正成为封建社会的主流思想。

在空间分布上，理学书院主要集中设立于武夷山的云窝、天游、桃源洞以及九曲溪沿岸等区域。武夷山内九曲溪、云窝、桃源洞等区域山水相间，自然景色优美，为著述育人提供了适宜的空间环境。叔圭精舍由崇安学者江贽所建，位于武夷的五曲云窝，是武夷山最早建立的私塾（图 5-10）。江贽一生在精舍内著书立信，授徒终老。南宋末期，江贽侄子江德将精舍修建扩展为“淮阳书院”。水云寮位于云窝，由游酢建造，用于著述授徒的场所。游酢是理学南传的先驱之一，水云寮则作为他理学南传的第一站。目前在水云寮的遗址上还保留了书院的前石门、后石门以及水井等遗迹，“水云寮”的题名岩刻仍保存完好。这两所书院虽建立于北宋时期，但对理学的传播以及朱子文学有着深远影响。

图 5-10 理学书院——叔圭精舍（摄影：黄海）

屏山书院建于武夷山市五夫镇屏山。朱熹年少时期在此苦读。中年回归武夷后，在此传道授业。兴贤书院（图 5-11）是为纪念理学先驱胡宪，在南宋孝宗年间（1163—1189）建造而成，朱熹曾在此讲学授业。淳熙十年（1183），朱熹辞官回乡，在五曲隐屏峰下，亲自擘画建造武夷精舍。精舍占地面积较大，是当时武夷山规模最大的建筑之一，被人们誉为“武夷之巨观”。书院落成后，朱熹在此讲学授徒多年，众多文人学子慕名而来，研习理学，进而培养了一批批理学子弟以及文人学者，如蔡元定、刘爚、黄榦、詹体仁等人，进一步促使武夷山成为理学胜地。朱熹逝世后，历朝统治者依然没有忘记武夷精舍的建设，各朝代皇帝都曾下诏对精舍进行修缮扩建。南宋末年，武夷精舍扩建改名为“紫阳书院”，为文人学者到武夷传道授业提供良好的场所环境。“文化大革命”中，书院正堂被拆除，改建礼堂，遗址现仅存两庑（图 5-12）。1992 年，经武夷山市人民政府公布，武夷精舍被列入第四批市级文物保护单位。

图 5-11
兴贤书院（摄影：郑友裕）

图 5-12
武夷精舍遗址（摄影：郑友裕）

洪源书堂位于武夷五曲处晚对峰，理学家熊禾于元代之初修建，并隐居于此。因四方学者慕名前来求学，遂扩为书院，倡道讲学。明末书院废弃，现仅存残垣断壁。幼溪草庐位于六曲云窝，是明万历十一年（1583）理学家陈省所建造用于著述讲学和生活起居的地方。陈省在武夷山研究《易经》，编撰《幼溪集》《武夷集》等著作，并刊行于世。

理学书院如宝石一般，星罗棋布地点缀于峰麓之间，镶嵌于九曲溪畔，高挂于丹霞岩穴之上，历代文人雅士依托书院，将自己的思想、情感智慧融于自然山水之中，构建天人合一的理学境界，营造和谐之美，为武夷山留下了极为丰富珍贵的文化遗存。

二、理学石刻 千秋功墙

"碧水丹山百代人文渊薮，道南理窟千秋功业宫墙。"武夷山是朱子理学发展的摇篮，山内留有众多理学文化的摩崖石刻，形象生动地展现了武夷山理学文化的历史传承。理学石刻内容丰富，涵盖了理学文化的思想内涵、门人大家的理想情怀、对先贤名家的景仰缅怀以及传承弘扬理学文化等方面。作为自然与人文的产物，理学石刻将武夷山独特的自然美景和深厚的理学文化相融合，是重要的文化遗产，见证了理学千年的历史文化发展。

据可考究的古籍统计，武夷山内有关理学文化的摩崖石刻 82 幅，主要分布于九曲溪沿岸，所刻时间跨越宋元明清，历代均有印记留下。理学石刻是武夷山独特的历史文化遗迹。其中包括朱熹题写的摩崖石刻，朱熹武夷书院和朱熹传人书院的摩崖石刻，各代名人、学者拜谒武夷精舍的岩刻，理学信奉者阐扬理学的题刻。

武夷山内理学石刻以崖石为载体，承载了历朝历代理学大家、文人志士的思想文化印记。其中主要涉及人物有朱熹、游九言、蔡沈、蔡杭、陈省、李材等历代理学家、官吏、理学倡导者。朱熹所题写的三方摩崖石——"智动仁静""鸢飞鱼跃"和"逝者如斯"最具典型性（图 5-13）。它们生动形象地表现了朱子理学中的生态世界观、伦理观以及美学观，展现了理学思想的真、善、美。

图 5-13
"智动仁静""鸢飞鱼跃"摩崖石刻（摄影：郑友裕）

智動仁靜
百山書

鳶飛魚躍
曾清書
西橋程寬勒石

三、宗教古迹 见证历史

武夷山内道观频出、佛寺遍地，集道学、理学、佛学于一体。道观、寺院历尽岁月的浮沉、朝代的更迭，见证了武夷山理学文化的发展，为传承弘扬理学作出重要贡献（图5-14）。

据统计，武夷山与理学相关的宗教遗址92座。宋、明两朝所建宗教场所数量较多。追溯历史，宋朝不仅朱子理学应运崛起，而且武夷道教兴盛，高道辈出。众多道教名士在武夷山内隐居传道、炼丹修行。其中著名的有在大王峰南壁下复古庵修炼的“南宗五祖”之一白玉蟾、修建常庵的“金门羽客”——江师隆，还有在原有道院遗址上扩建升真观的道姑游道渊以及江妙静等。与此同时，宋朝亦是武夷山佛教发展的鼎盛时期。在此期间，禅宗是武夷山内重要的思想宗派，寺院的数量与规模不断增多和扩大，众多得道僧人在此弘法且信徒广泛。相较于宋朝的兴盛，元朝时间较短，加之社会动荡不安，高僧名道较少。但到了明朝，却又峰回路转，道人、高僧层出不穷，如虎啸岩虎啸庵的修建者元镜禅师、明末改建白云庵为白云禅寺（图5-15）的慈觉和尚等。到了清朝，此时的专制王权将佛教作为统治思想和精神的支柱手段之一。但随着清朝国势的日趋衰弱，各阶级矛盾日益尖锐，社会动荡不安，清政府已无暇顾及宗教，佛教、道教也渐渐消失了往日特有的光彩。

图 5-14 桃源洞（摄影：郑友裕）

图 5-15 武夷山白云禅寺（摄影：黄海）

四、先贤祠堂 传承理学

武夷山内先贤祠堂众多，祠堂内均供奉了先贤神主，同时又可作为理学书院。历代理学大家在祠堂中讲学授徒、研究理学。因此，这些先贤祠堂亦是理学书院的重要组成部分。

武夷山的先贤祠堂中三贤祠、王文成公祠、朱氏宗祠等尤为出名。三贤祠位于水帘洞右侧。朱熹曾多次随老师刘子翚及好友刘甫在此讲学郊游。朱熹曾亲题“百世如见”的匾额。现三贤祠仍保存完好。为纪念大理学家王守仁，他的弟子们曾在幔亭峰下西禅岩之麓兴建“王文成公祠”，在一曲水光石上题刻为纪，并题撰了《王文成公祠记》。幔亭峰下祠因年久倾圮，现祠堂建筑都已无存，只留下4处遗址。胡氏四贤祠是祀奉南宋著名理学家胡安国及其子胡宏、胡寅，从子胡宪。几经废圮之后，四贤碑仍在。朱氏宗祠是清朝时期，朱熹后代为纪念先祖所建，位于九曲上游星村镇黎新村。1992年，朱氏宗祠被认定为武夷山市文物保护单位。刘氏家祠位于五夫镇兴贤古街，始建于南宋建炎四年（1130）。刘氏家族自汉代文景时期举家入闽，世代忠义、卫国忠贞，培养了刘珙、朱熹等名臣大儒。刘氏一家三代被后人誉为“三忠一文”。除此之外，像五夫镇、紫阳楼、朱子巷（图5-16）、兴贤古街、朱子社仓、朱熹墓（图5-17）等理学历史遗迹也尽在移步踏足之间。众多的理学历史文化遗迹是武夷山世界文化和自然遗产的重要组成部分，吸引了国内外众多理学家以及游客到此研学、游览、观赏，进一步传承发扬了理学文化。

图 5-16
五夫镇朱子巷（摄影：黄海）

图 5-17
朱熹墓（摄影：武昕）

朱子巷
朱子巷

第四节　名扬海内外

在朱熹和历代理学学者不断弘扬和创新下，朱子理学愈发受到社会各界的重视，并被钦定为官学。朱子理学在元、明、清三个朝代也成为体系最广、影响最大的正宗思想，统治中国思想界数百年。随着朱熹门生广布天下及社会各个阶层，朱子理学思想快速地向社会各界传播，影响范围远及东亚、南亚地区及欧美诸国。

一、传承理学　直迄于今

南宋嘉定年间，朱子理学被定为国学。朱子理学的代表作包括《四书章句集注》《白鹿洞书院揭示》。《白鹿洞书院揭示》成为当时各类学校的指导方针。清代康熙皇帝大力褒扬武夷山理学家，并且御书“学达性天”匾赐予紫阳书院（图5-18）。在康熙的推崇下，紫阳书院重新修建，尊朱熹为先贤，配享大成殿。康熙还委派大理学家李光地主编《朱子大全》。但到了光绪年间，科举制度被废除，理学不再作为官学统治思想界，其影响渐弱。

一直以来，理学都受到各级政府和各界人士的重视。近年来，理学的研究与交流活动日趋频繁活跃，影响极深。结合当下社会文化特色，理学研究逐步发展，形成了一套系统的教育理念和机制，涵盖了培养教育、提倡引导以及传播发展等内容。现代学者汲取朱子理学的核心思想，借鉴教化及传播的机制，从而探求适合当今社会有效的倡导和传扬方式，让社会主义核心价值观能广植于人民群众之心。

图 5-18　武夷精舍内康熙亲赐匾额“学达性天”（摄影：何幼杰）

二、远洋传播 位列西序

朱子理学在海外也产生了深远的影响。13世纪20年代，朱子理学开始漂洋过海，向域外传播。在朱子理学的传播中，东亚和东南亚地区因与中华大地的地缘优势，较为完整地继承了朱子理学的精髓，并有所发展。韩国和日本在继承和发扬朱子理学中贡献巨大；新加坡等东南亚国家开展了朱子理学的研究。

据文献记载，日本嘉祯元年(1235)，日本僧人圆尔入宋，携回朱子《四书章句集注》，并广为传布。宋学的价值逐步被日本民众认同，儒佛一致的思想观念也逐渐显现出来。此后，日本学者来华取经者络绎不绝。德川幕府时期，日本学者们认为朱子理学是儒佛相济的结果，随后朱子理学逐步成了日本的官学。至当代，日本九州大学等机构成立了日本朱子理学研究会，进一步研究朱子理学。

大约在同一时期，朱子理学也相继传入高丽，被朝鲜李氏王朝定为国学。李滉作为朱子理学在朝鲜的代表和集大成者，朱熹的客观唯心主义成为他所提倡的“主

理论”理论基石，而他的理论也成为如今国际上朱子理学相关研究的热门分支。韩国各书院自15世纪开始，就在朱熹《九曲棹歌》文本基础上，以武夷山九曲为范本，“师法中国”营造“九曲园林”，迄今总数已超过300个。其中九处书院连同它们各自的九曲园林已于2019年一并列入世界文化遗产。

不同于东亚，朱子理学在东南亚的传播更晚，其传播动因有着明显的不同，缺少国家的行政主导和有力推动。东南亚各国对朱子理学的研究多源于“母国情怀”和“寻根探源”的内心需要。以新加坡为例，为给子女提供更好的教育，新加坡华人创办理学学堂，传授理学文化，将《四书章句集注》作为教学经文。

16世纪初，朱熹理学随着来华传教士意大利人罗明坚回国传入欧洲。他首次将《四书章句集注》翻译为拉丁文，而后朱熹多种著作陆续被译成西文，为欧洲学者所研究。

随着朱子理学在东亚、东南亚和欧洲的广泛传播，其逐步成为国际上研究中国思想的一种显学。众多外国学者慕名而来，到访武夷山并深入学习朱子文化。特别是东亚及东南亚地区的朱子理学研究，对各国交流、互鉴具有重大的意义。

第六章　木中仙子 武夷茶话

“千载儒释道，万古山水茶。”武夷茶是武夷山各个历史时期所产茶的统称，缘起于上古时代，兴于唐代，发展于宋代，于元代正式成为贡茶，直至明清时期创制了武夷岩茶（乌龙茶）和小种红茶工艺，从此誉满全球。随着时代的发展，武夷茶产业基于深厚的茶文化积淀，在茶科技支撑下形成了“三茶”即茶文化、茶科技和茶产业统筹的良好态势（图6-1）。

图 6-1 马头岩茶场（摄影：王震谭）

第一节　武夷仙人自古栽

茶树为聚铝植物，栽培在富铝化土壤中的茶树质量上佳。我国热带、亚热带地区山地中的红色土壤多是中更新世的产物，因其成土年代久远，被称为“山地古红土”，也称“红色古土壤”。我国的山地古红土富铝，典型的古红土粘粒部分含氧化铝20%—30%、氧化铁10%—20%，可促进茶树生长。我国网纹红土的分布被发现与大部分茶树分布恰相符合。与四川峨眉山、浙江天目山和括苍山的山地古红土样品相比，福建武夷山样本中氧化铝的含量高达34.91%，明显高于其他地区。这真可谓“名山产名茶，名茶耀名山”。世界文化遗产西湖与龙井茶、世界文化和自然遗产黄山与黄山毛峰、世界文化遗产庐山与庐山云雾茶等，这些名茶都与被山地古红土覆盖的世界遗产地密不可分。作为我国历史悠久的茶叶名山、茶文化艺术之乡，武夷山是中国乌龙茶和红茶的故乡，名枞数以千计。那么武夷山是何时开始有茶的呢？

相传，武夷山第一棵茶树是在“茶洞”发现的。“茶洞”别名“玉华洞”“升仙洞”，位于武夷山九曲溪第六曲东面，如今洞中依然有数丛历经岁月的古茶树。“茶洞”刻于崖壁之上（图6-2），年代及勒者暂无从考证。范仲淹在《和章岷从事斗茶歌》中写道：“溪边奇茗冠天下，武夷仙人自古栽。”《武夷山志》也记载“武夷茶原属野生，非人力所植，最初为一老人发现，初献茶，死为山神，立庙祀之”。胡浩川考证，武夷茶是由野生种演变而来，而周玉潘的《闽茶概论》推测武夷茶发现和利用于夏、商、周之前的神农时代。从武夷山城村汉城遗址中挖掘出来大量陶瓷茶具，也证明了汉代闽越国先民种茶饮茶的历史。

唐贞元年间（785—805），由于建溪流域两岸的武夷山、凤凰山、壑源山等地的自然生态环境适宜茶叶生长，当地百姓建设了各式各样的耕作茶园，如根据不同地形砌筑成不同形状的石壁梯层茶园、沿溪边平坦的地带规模化种植茶树的平地茶园、充分利用空间的“石座法”茶园和“寄植法”茶园。“石座法”茶园是利用岩凹、石隙依地势砌筑石座，运土填满石座后种植茶株，在悬崖半壁随处可见。此法费工最大但所植茶株往往都是名枞，如九龙窠的大红袍。“寄植法”茶园就是将两三株茶株或者三五粒种

图 6-2 茶洞（摄影：郑友裕）

子寄植在石缝之中。山谷沟涧的空气湿度高，为茶树提供了适宜的生长条件。茶树或依附岩石峭壁，或周围杂树野草丛生，这种半阴半阳环境，避免了紫外线对茶树的直接照射，对保证茶叶的品质起到了关键作用。现保存的多处古茶园遗址，与武夷山碧水丹山融合成独特的茶文化景观。

唐代文学家孙樵在一封赠礼信札中写道："晚甘侯十五人遣侍斋阁，此徒皆请雷而摘，拜水而和。盖建阳丹山碧水之乡，月涧云龛之侣，慎勿贱用之。"[①]文中"建阳丹山碧水"[②]即武夷山；"晚甘"特指武夷茶入口微涩、回味甘甜；"侯"则是古代爵位，此处将武夷茶拟人化，封侯拜相，是对武夷茶身价的抬爱；"慎勿贱用之"不仅强调

① (唐) 孙樵：《送茶与焦刑部书》。源自陶谷：《清异录（饮食部分）》，中国商业出版社 1985 年版，第 123—124 页。

② 唐代时崇安尚未建县，武夷山属于建阳县；"碧水丹山，珍木灵草"是南朝江淹对武夷山的赞语。

武夷茶珍贵难得，更表达出作者对武夷茶的珍爱之情。后因该文流传甚广，文人雅士则将武夷茶誉为“晚甘侯”。

据熊蕃的《宣和北苑贡茶录》记载，武夷茶是从唐贞元年间的研膏茶发展到后期的蜡面茶。晚唐诗人徐夤的《谢尚书惠腊面茶》是目前所知最早提及武夷茶的诗，体现了武夷茶悠久的历史：

武夷春暖月初圆，采摘新芽献地仙。
飞鹊印成香蜡片，啼猿溪走木兰船。
金槽和碾沉香末，冰碗轻涵翠缕烟。
分赠恩深知最异，晚铛宜煮北山泉。

此诗记录了唐代武夷山茶风茶俗，生动形象地描绘了一幅大唐仙山品茗图。在春暖花开之时，茶农将新鲜采摘的茶青供奉给地仙；印有飞鹊图案的蜡面茶，用木兰船运输至各地；品茗时，将蜡面茶和沉香放在金槽中碾碎为粉末，一起慢慢煎煮；煮好的茶倒入如冰似玉的茶碗中，从茶碗里升起袅袅茶烟。唐代主要运用煮茶的方式，有时还会加入姜、葱、茱萸、薄荷等。唐代品茗与煮茶的方式初步展现了武夷茶文化中古朴风雅的内涵，同时为武夷茶在宋元两代的兴盛奠定基础。

第二节　年年斗品充官茶

唐末五代闽龙启元年（933），建安人张廷晖将自己在凤凰山及其周围三十里的茶园献给闽王，成为闽国御苑，建茶开始登上历史舞台。宋代是武夷茶的大发展时期，八闽各州郡普遍栽种茶树，其中以武夷山下的建州（今建瓯一带）、南剑州（今南平一带）为最多。太平兴国二年（977），朝廷遣专员督造，饰以龙凤图纹，由此入贡。后丁谓、蔡襄造大小龙团献贡，盛极一时。宣和二年（1120），郑可简任福建路漕运使，创龙团胜雪入贡。有宋一代，上至皇亲贵胄，下至文人墨客，无不以获建茶为殊荣。王禹偁的《龙凤茶》“样标龙凤号题新，赐得还因作近臣。烹处岂期商岭外，碾时空想建溪春。香于九畹芳兰气，圆似三秋皓月轮。爱惜不尝惟恐尽，除将供养白头亲”[①]便是描述获此至宝时的激动情绪。

宋时，各种茶事活动盛行，其中就包括斗茶、分茶等活动。斗茶又称为“茗战”，即比试茶品优次的活动，主要是在每年新茶产出之时，赛出极品茶作为贡茶的原料。建茶在当时的斗茶中脱颖而出，风行一时，而武夷茶作为建茶的一部分一同进贡。时至今日，斗茶作为武夷山重要的茶事活动，其目的已拓展为对茶叶质量、等级比选，以及对好茶的追寻。当然斗茶活动也是名称多样、形式丰富，如“武夷山春茶评比赛”“茶王赛”等，均为发展和传承武夷茶文化的良好载体（图6-3）。

图 6-3 斗茶（摄影：郑友裕）

① 源自《武夷茶经》，第 414 页。

分茶，亦称“茶百戏”“水丹青”，指用沸水（汤）冲（注）茶，使茶乳幻变成图形或字迹[①]，是宋代流行的一种“茶道”，如今已被列入福建省非物质文化遗产目录（图6-4）。宋代陶谷记录道：“茶至唐始盛。近世有下汤运匕，别施妙诀，使汤纹水脉成物象者。禽兽虫鱼花草之属，纤巧如画，但须臾即散灭。此茶之变也，时人谓之‘茶百戏’。”[②]杨万里《诚斋集》卷二《澹庵座上观显上人分茶》记述：“分茶何似煎茶好，煎茶不似分茶巧。蒸水老禅弄泉手，隆兴元春新玉爪。二者相遭兔瓯面，怪怪奇奇真善幻。纷如劈絮行太空，影落寒江能万变。”陆游《临安春雨初霁》中亦有记述“矮纸斜行闲作草，晴窗细乳戏分茶”[③]。

品茶及斗茶的茶具极其讲究，蔡襄在其所著《茶录》中写道：“茶色白，宜黑盏。建安所造者，绀黑，纹如兔毫，其坯微厚……久热难冷，最为要用。出他处者，或薄或色紫，皆不及也。”描述的就是当时上至皇帝，下至黎民百姓都无比推崇的茶具——建盏。

位于武夷山西北部的遇林亭窑（图6-5）产出的建盏均为宋代斗茶品茶用具。遇林亭窑属半地穴式焰平斜面龙窑，内有石构淘洗池、水井、排水沟、古路段、工棚地基等瓷器作坊遗址，该窑主要烧制匣钵、罐、碗和兔毫纹的建盏。

宋朝南渡后，武夷山逐渐成为理学名山，武夷茶与儒、道的关系也更加密切。“和”“静”“怡”等儒家思想深刻影响了武夷山茶文化的发展态势。大量文人墨客前来游山品茗，斗茶、分茶，以茶修身养性、借茶论道盛极一时。种茶、写茶等活动均留下了许多诗词歌赋和美丽传说。《崇安县新志》文曰：“宋时范仲淹、欧阳修、梅尧臣、苏轼、蔡襄、丁谓、刘子翚、朱熹等从而张之，武夷茶遂驰名天下。”其中苏轼留下众多关于古代茶史的重要研究文稿。《叶嘉传》将武夷茶比喻成“风味恬淡，清白可爱，颇负其名，有济世之才”的世外高人叶嘉，借拟人的词句来赞美武夷茶。苏轼也在《荔枝叹》中描述道：“君不见武夷溪边粟粒芽，前丁后蔡相笼加，争新买宠各出意，今年斗品充官茶。”

---

① 蒋礼鸿先生对分茶的定义。源自《蒋礼鸿文集》第四册，浙江教育出版社 2001 年版，第 393—395 页。

② 陶谷：《清异录（饮食部分）》，中国商业出版社 1985 年版，第 124 页。

③ 源自《茶录》，商务印书馆 1936 年版，第 4 页。

图 6-4 茶百戏（摄影：黄海）

图 6-5 遇林亭窑（摄影：郑友裕）

第三节　九曲溪畔御茶园

元大德六年（1302），高久居于武夷山九曲溪之四曲溪南畔，创设皇家焙茶局，此即影响元明两代的“皇家御茶园”。御茶园建筑参照皇家建筑设计，巍峨壮观，富丽堂皇；进了仁凤门，迎面拜发殿，两侧是两棵枫树，山人称为照天烛；祭祀所用的喊山台和通仙泉，还有思敬堂、焙芳堂等在御茶园外层围合。

御茶园（图6-6）设有场官、兵卫，负责监制大量精美龙团凤饼作为贡茶，采茶制茶的茶农达250户，年制龙团贡茶125千克，5000饼。那时125千克的贡茶只是杯水车薪，难以满足皇室需求，故年年不断递增，至正二十八年（1368）增至480千克。

元至顺三年（1332），建宁总管在御茶园通仙井（图6-7）畔建起一座高五尺、方一丈六尺的喊山台和喊山寺。每年惊蛰时日，崇安县令率领众多御茶园官吏在此举办隆重的祭祀茶神仪式，宣读祭文。祭毕，击鼓鸣金，点香燃炮，茶农聚集台下齐呼：“茶发芽啦！”喊声响彻山谷，回音不绝，此时通仙井水会慢慢上溢，直至茶季结束才回落，堪称一大奇观。至现代，传统的喊山仪式发展为以茶作祭祀之礼的民间茶事

图 6-6　御茶园（摄影：刘达友）

活动，把盐、茶叶、米粒加樟树一起燃烧用于祭祀。武夷山坊间亦有通过举办祭茶仪式祈求来年风调雨顺、茶叶丰收的传统。

武夷皇家御茶园历经255年，观其兴废，后世清代文人董天工于《御茶园旧贡茶有感》中感叹道："武夷粟粒芽，采制献天家。火分一二候，春别次初嘉。壑源难比拟，北苑敢矜夸。贡自高兴始，端明千古污。"该诗客观评说了御茶园之功过。武夷茶为皇帝认同、世人青睐，其功绩不可磨灭。

元代制茶也是饼茶、晒青、蒸青散茶，传承宋代龙团凤饼的制茶工艺，武夷茶经历御茶园时期悉心栽培，采摘精巧，精工制作成贡茶，把茶品提升到一个全新阶段，独秀于茶坛。因此武夷贡茶份额逐年增加，鼎盛年代占全国贡茶总额四分之一。当然，物极必反，贡茶至精至奢且官吏剥削，劳民伤财，茶农苦不堪言，被迫逃亡，茶园渐荒，正是"先代茶园有故基，喊山台废几何时"[①]的真实写照。嘉靖三十六年（1557），明代诗人郑主忠游经武夷山时，看到御茶园已树死山荒，无茶进贡，制茶技术基本处于停滞状态，仅剩一对照天烛在深秋之际向来客诉说御茶园昔日荣光，不禁发出"御园此日焙新芳，石乳何年已就荒"[②]的感慨。事实上后代对武夷茶的功过也有复杂的评价，清初武夷山著名茶僧释超全的《武夷茶歌》中"景泰年间茶久荒，嗣后岩茶亦渐生"也描述了御茶园末期的悲哀与武夷茶发展的另一个历史契机。

图 6-7　通仙井（摄影：郑友裕）

① （明）徐渤：《御茶园》，源自《武夷茶经》，第 45 页。

② （明）郑主忠：《御茶园》，源自《武夷茶经》，第 454 页。

第四节　嗣后岩茶亦渐生

明代和清代是武夷茶发展的低潮与转型时期。经过漫长的“茶久荒”时期，直至明太祖朱元璋慢慢解除贡茶负担之后，茶农才有积极性去改良茶叶制作技术，发展茶叶生产，研制武夷岩茶（乌龙茶）、红茶的制作工艺。随着海外贸易兴盛，武夷山作为“万里茶道”起点，武夷岩茶、小种红茶开始名扬四海。

在工艺改良方面，明代朱元璋颁发“罢龙团改制散茶”诏令之后，武夷山“罢造龙团，惟采芽茶以进。其品有四，曰探春、先春、次春、紫笋”①，形式也逐渐改为晒青、蒸青散茶制法。但是因改制芽茶工艺不成熟，品质不佳，武夷茶地位下降。有道是“前朝不贵闽茶，即贡者亦只备宫中浣濯瓯盏之需”②，足见其地位不显。

明代武夷山引进松萝茶制法，出现炒青制法，但技艺学习不得法，品质不如其他地区的炒青绿茶，所以武夷山茶农根据自己的技术进行改进。茶农们在反复摸索的基础上，对武夷茶的制法进行创新，发明了一种新的发酵技术，在康熙后期研制出武夷岩茶、小种红茶的制作工艺。

武夷岩茶的特点是“绿叶红镶边，七分绿三分红”，介于全发酵茶与半发酵茶之间。根据王复礼《茶说》记载，当时的武夷岩茶制作工艺是茶采完后先晒青，即将茶叶均匀平铺在竹筐中，置于太阳下风干和暴晒。待其叶片渐呈凋状，光泽渐退再进行炒青和烘焙③（图6-8）。

---

① (明) 沈德符：《野获编补遗》。

② (清) 周亮工：《闽茶》，源自《武夷茶经》，第 505 页。

③ (明) 王复礼：《茶说》：“茶采后以竹筐匀铺，架于风日中，名曰晒青。俟其青色渐收，然后再加炒焙。”

图 6-8 采茶归来(摄影: 黄海)

乌龙茶为何会缘起于武夷山？主要由于武夷山特殊的自然生境，其由岩、峰、坑、涧、窠、洞、窝七种形态构成。形态各异的山场生态环境，即使同样品种的茶，其味道截然不同。此外，武夷茶采摘不便且离茶厂较远，茶青暴晒于阳光下且在茶篮中摇动，易产生"摇青"现象，难制成绿茶，但经过炒青、揉捻、烘焙后，茶叶香气馥郁，韵味悠长。林馥泉先生不禁发出感慨："武夷岩茶是'以山川精英秀气所钟，岩骨坑源所滋，品具泉冽花香之胜，其味甘泽而气馥郁'。"

武夷岩茶名品大红袍，早在明末清初时期就有采制，迄今已有370多年的历史，其中位于九龙窠北壁的大红袍（图6-9）最为有名。现武夷岩茶核心产区东部丹霞地貌区的"三坑两涧"[①]，是最具代表性的武夷山茶文化景观。

武夷山先有绿茶，后有乌龙茶，而小种红茶是在其后一个偶然的机会产生的。于观亭在《中国茶经》中述写红茶产生的故事：有一江姓家族世代定居武夷山桐木关[②]（图6-10）种植茶叶，约在明末某个采茶时节，北方军队途经星村镇桐木关庙湾村，

图 6-9 大红袍名枞（摄影：郑友裕）

① "三坑两涧"："三坑"为牛栏坑、慧苑坑、倒水坑；"两涧"为流香涧、悟源涧。

② 桐木关，位于武夷山星村镇，关内自然环境特殊，山高林密、雨多雾浓、湿度大，春季多雨少阳，制茶无法用日光晒青，大多靠室内松柴烘青，炒揉后的茶叶又是用松柴烘烤，茶中有松烟味。关内东北处江墩、庙湾自然村是历史上正山小种红茶的原产地和中心产区。当代茶界泰斗张天福先生曾为庙湾题词"正山小种发源地"。

夜晚留宿茶厂。众士兵睡于茶青上数日，茶农心急如焚、敢怒不敢言。待军队开拔后，部分茶青已发酵变红，茶农舍不得将之丢弃，遂揉搓并用当地盛产的马尾松枝烘干，所得茶叶颜色乌黑、呈油润状并富含松脂特有香气。因当地人常饮绿茶，无法接受其味，茶农只好将其拿到90里外的星村茶市贱卖。恰逢当时东西方海上贸易兴起，初到远东的葡萄牙人、荷兰人对这汤色酷似葡萄酒、有烟熏味的神奇东方物产充满兴趣，第二年便高价订购此茶。因此，小种红茶生产规模逐年扩张，形成了“正山小种国外买的奇特现象”。

武夷岩茶、小种红茶名扬海外得益于万里茶道和五口通商。陆上“万里茶道”南起武夷山，经江西、湖南、湖北、河南、河北、山西、内蒙古向北延伸，贯通亚欧大陆，抵达俄罗斯通商口岸恰克图。这条历史上著名的茶叶之路，见证了中国茶文化传播世界的过程，为世界茶业发展增添了浓墨重彩的一笔，为促进民族文化交流，发展区域经济作出了不可磨灭的贡献。

图 6-10 雪后桐木关（摄影：黄海）

第五节　盛世茶乡谱新语

民国时期，战事不断，全国茶风不盛，茶园荒废。1938年国民政府开始实行“茶叶统制管理”，统购统销，提高了茶农的积极性。同年，福建省政府和中国茶叶总公司在崇安筹办“福建示范茶场”。1941年，中茶公司技术处设立中央茶叶研究所，并于1942年迁往崇安。吴觉农、张天福、林馥泉等一大批茶界有识之士，将武夷山作为茶叶研究基地，做了相当多的研究工作，为现代武夷茶的研究奠定了基础。

改革开放以来，随着社会物质文化生活的不断发展，民间遥不可及的“武夷贡茶”早已飞入寻常百姓家，品茶也成为人们生活中的新潮流。时代的进步推动着茶叶制作技艺不断更新迭代。

如今，武夷茶产业的发展深受重视，茶产业蓬勃发展。武夷茶认可度高，获得众多殊荣。基于深厚的茶文化积淀，武夷山茶产业和旅游产业互相促进、融合发展。

茶科技也是推动茶产业发展的关键要素，通过科技特派员制度更好地让科技为茶产业赋能。武夷山市星村镇燕子窠生态茶园（图6-11）采用科技特派员、福建农林大学教授廖红带领团队设计创新茶叶种植方案，已经成为生态茶园的典范。通过在茶园套种大豆、油菜，利用大豆生物固氮效果作为“绿肥”，油菜开花后就地回田，补给土壤磷和钾。该方案成功减肥减药，降低了茶叶种植成本、提高了茶产量、提升茶叶品质，带动茶农增收，为茶叶生态种植提供了可推广复制的方案。

图 6-11 燕子窠生态茶园（摄影：黄海）

第七章 摩崖石刻 艺术瑰宝

武夷山的艺术瑰宝摩崖石刻，多达500处，承载着深厚的历史底蕴与极高的文化价值，是武夷山世界文化遗产的重要组成部分。根据摩崖石刻的内容将其分为四大类，分别是道南理窟石刻、洞天仙府石刻、咏景抒情石刻和茶香岩韵石刻。道南理窟石刻体现了朱子理学相关的文化内容，洞天仙府石刻展示了古老的道教文化，咏景抒情石刻描绘了古人对武夷山的赞美之情，茶香岩韵石刻则记录了与茶文化相关的历史事件和神话传说（图7-1）。

图7-1 云窝石刻群（摄影：刘达友）

第一节　道南理窟石刻

武夷山不仅是三教名山，也是理学名山。道南理窟石刻正是展现武夷朱子理学文化的摩崖石刻群。其不但见证了武夷山“理学渊薮”的历史，同时蕴含了历史名人与武夷山水之间的关联。道南理窟石刻以摩崖巨刻的方式向世人醒目地展现出武夷山深厚的历史文化，是历代武夷山摩崖石刻中最富文化韵味的石刻群之一（图7-2）。

一、鹅湖论辩

宋淳熙二年（1175），朱熹题“何叔京……淳熙乙未五月廿一日”，镌于六曲响声岩。此石刻展示的是中国哲学历史上一次著名的辩论会——鹅湖论辩，即宋淳熙二年，浙东派学者吕祖谦因朱熹与陆九渊二人各执学论不同，遂邀陆九渊、陆九龄两兄弟同朱熹共赴鹅湖寺就相关学术展开论辩，以期能够有所折中。未料，此会非但未能如吕之所愿，反

图 7-2　摩崖石刻（摄影：刘达友）

而使得双方彼此更坚定各自的学术理念。这便是哲学史上有名的客观唯心主义学派（以朱熹为代表）同主观唯心主义学派（以陆氏兄弟为代表）的一场大辩论，史称“鹅湖论辩”。此间，朱熹以溪河之自然表象——“同源异流”，喻学术问题可以求同存异，和而不同，体现了朱熹对不同学术流派的开放胸襟和求实精神。论辩行前，朱熹、吕祖谦等览胜武夷风光，并勒石纪胜。刻石文字仅用36个字，记录了中国历史上这场大辩论的时间及参加论辩的主要代表人物，意义斐然。

二、“淳熙戊戌八月乙未”

宋淳熙五年（1178），朱熹题“淳熙戊戌……朱仲晦来”镌于六曲响声岩（图7-3）。石刻记载了朱熹同理学挚友、弟子切磋学问，融会贯通以及磨砺心性等纪实。其中刘岳卿为抗金将领刘衡之子，又名刘甫，因遵父嘱终身不仕，遂隐于武夷山水帘洞，朱熹、刘子翚、刘甫三人常一同探究理学之奥义于水帘洞。后来，人们于水帘洞修建三贤祠以祀朱熹、刘子翚、刘甫三贤。

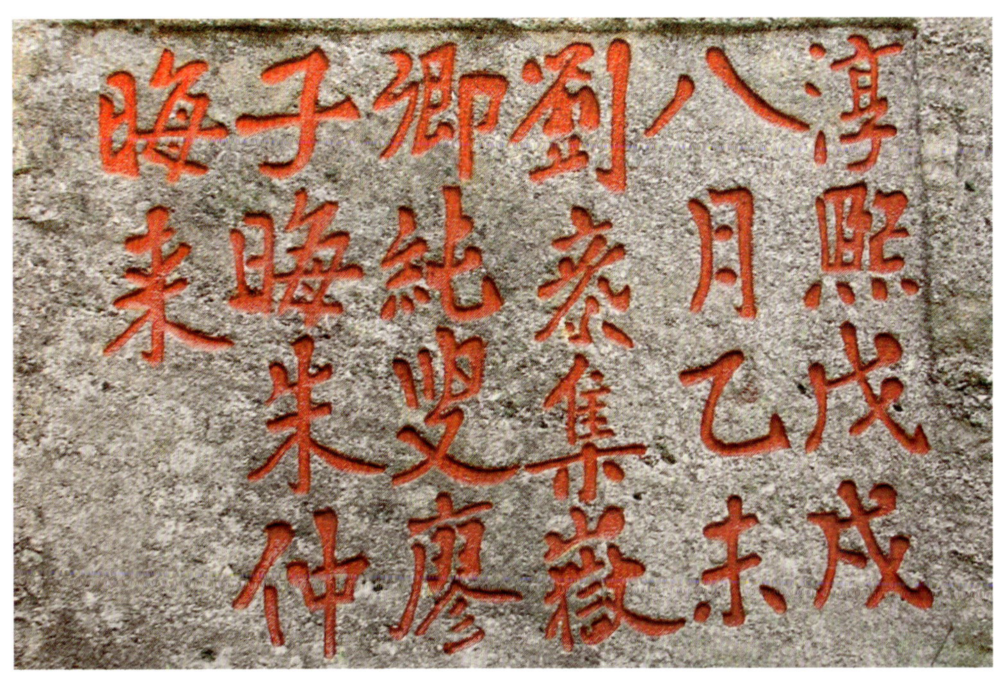

图 7-3 “淳熙戊戌八月乙未”摩崖石刻（摄影：郑友裕）

三、"九曲棹歌"

宋淳熙十一年（1184），南宋理学大家朱熹携友人游览九曲溪盛景时写下了一首传诵千古的七排诗——《九曲棹歌》。"棹歌"初为渔民所传唱的山歌民谣，后大多文人墨客用以歌咏锦绣山川，因而后期的棹歌既有民歌的通俗活泼，又有文士的意蕴雅趣。《九曲棹歌》乃历代骚客名士吟诵武夷风光中最能展现其以九曲溪为中心的山水风貌的诗。九曲溪随之名冠天下。"九曲清流绕武夷，棹歌首唱自朱熹。"郭沫若在《游武夷泛舟九曲》一文中如是评价道。

现今，"人在画中游"是读者阅读诗中所绘自然景观和人文涵蕴的直观感受，更

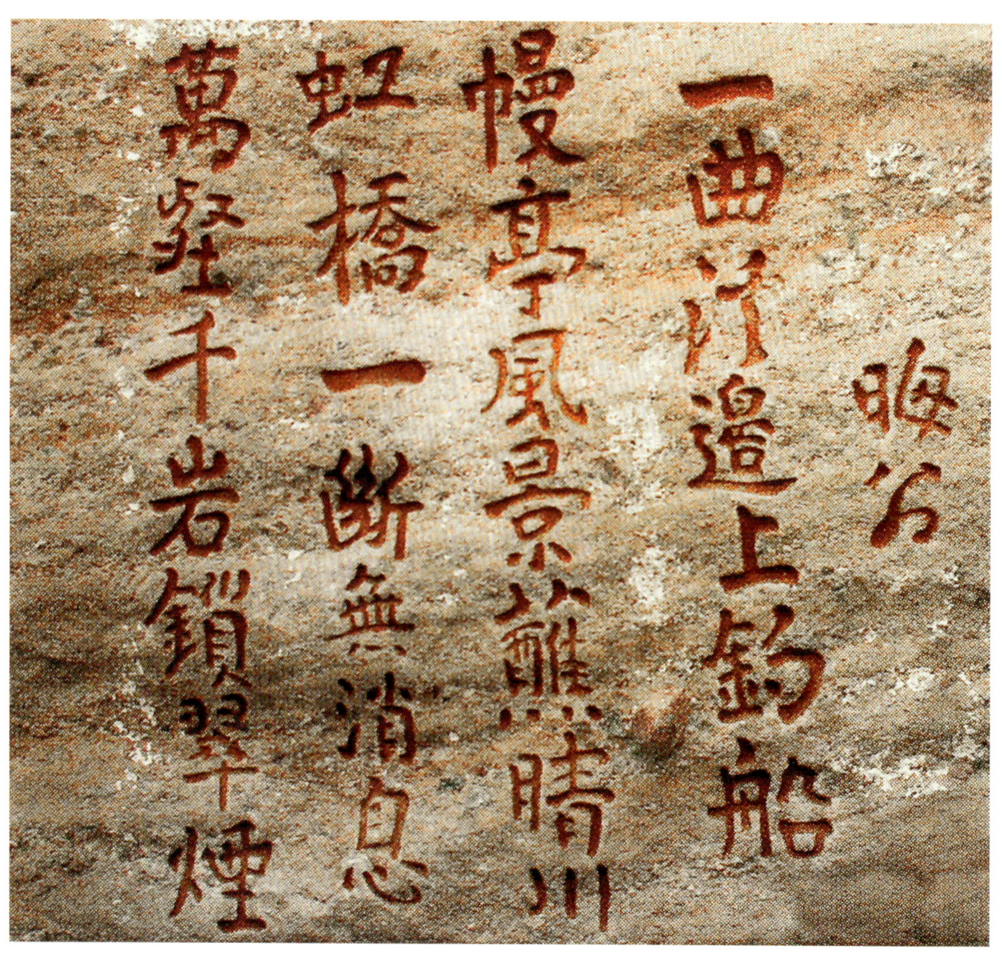

图7-4 九曲棹歌——"一曲"摩崖石刻（摄影：郑友裕）

已成为武夷山的“经典名片”。依据清董天工《武夷山志》第四卷及相关史料统计，与《九曲棹歌》相关的和作、仿作以及类似的诗歌多至 227 首有余，这些作品与《九曲棹歌》一起形成了当地独具特色的“棹歌文化”，对武夷文化的生成、发展、流传有着不可磨灭的作用。《九曲棹歌》10首全部镌刻于九曲溪各曲岩壁，是朱熹闲居武夷精舍时（1183—1190）所题刻。石刻历经八百余年，10首棹歌现今尚存6方，分别刻于一曲水光石、二曲勒马岩、四曲题诗岩、五曲晚对峰、六曲响声岩、八曲水狮岩。古人乘筏由一曲逆流而上至九曲，游览沿途风光，时耗一天左右，现今人们改由九曲顺势而下，游至一曲，时耗约为两小时。《九曲棹歌》现已成为武夷山九曲溪精品旅游线路的重要文化景观（图7-4、图7-5）。

图 7-5 九曲棹歌——“九曲”摩崖石刻（摄影：郑友裕）

四、“忠孝”

宋庆元年间（1195—1200），朱熹题“忠孝”二字镌于二曲溪南的勒马岩。“忠孝”一直是朱熹极为推崇的，他曾书“忠孝廉节”，又书“忠孝持家远，诗书处世长”。他将“忠孝”二字摩崖刻石，是希望这种思想能够发扬传承。“忠孝”摩崖石刻是武夷山文化景观的重要组成部分，它展示着中华民族的文化蕴意，深刻地影响着后人（图7-6）。

五、“逝者如斯”

朱熹题“逝者如斯”四字镌于六曲响声岩。石刻字体飘逸洒脱，一气呵成，与溪水之流势映趣于山间，读之，叹唏嘘，感蹉跎。《论语》有云“子在川上曰：逝者如斯夫”，从石刻中可以联想到朱熹对国家亡难和身世漂泊的悲慨，对理学真谛的执着追求。他同时告诫世人光阴似流水，一去不复返，切莫虚度。“逝者如斯”以儒为主，兼备道、释，恰恰构成朱熹的理学之本底，作为武夷山经典的摩崖石刻，其醇厚文化内涵，是武夷山特色文化的经典体现（图7-7）。

六、“天心明月”

朱熹题“天心明月”镌于二曲溪南的楼阁岩。“天心明月”映射着朱熹“理一分殊”的哲理含蕴，不仅揭示了朱熹的本体论思想，同时也表明了朱子本体论与佛道两教之间的理论渊源。朱熹启发人们认识“理一分殊”，从天上一轮月影映照大地无数江河湖海的现象说起，那散在江河湖海的一轮轮明月，其本乃是天上的一月所生，这生动揭示了本源现象。

“天心明月”摩崖石刻有着佛教文化的意蕴。在武夷山佛教史上，扣冰古佛“望月开悟”的典故流传甚广，几乎妇孺皆知。武夷山莲花寺的扣冰殿就有一副楹联：“贞心悟法机扣冰北极净灵根，妙谛参儒理望月南天圆福果。”联中不仅嵌入“扣冰”“望月”的典故，而且有“佛法”“儒理”相互“参悟”的内涵，可见此联就是根据扣冰古佛“望月开悟”的禅宗典故而来的。

图 7-6 “忠孝”摩崖石刻（摄影：郑友裕）

图 7-7 “逝者如斯”摩崖石刻（摄影：郑友裕）

七、“小九曲”

朱熹题“小九曲”镌于四曲溪北的金谷岩。小九曲畔巨石林立，嵯峨交错。石上布有峭壁穹崖，裂罅洞穴；清湍洄伏其中，曲流通幽，颇具溪山胜概，故称小九曲。几竿翠竹，低垂水上，乘竹筏洄游其中，左盘右旋，极尽天然曲折之妙。明代诗人陈谨咏曰：“溪名小九曲，溪水碧如玉。载酒何人溪上游，长啸一声山水绿。”

八、“茶灶”

朱熹刻题“茶灶”横书镌于五曲溪茶灶石上。作为朱熹武夷精舍12景之一的茶社，乃一块天然洲石，上有数处砾石脱落岩穴，可燃炭煮茗。朱熹经常偕友到石上煮茗论道，并有《茶灶》诗一首：“仙人遗茶灶，宛在水中央。饮罢方舟去，茶烟袅细香。”此诗意境清远恬淡，极富遐想，读后使人亦有“袅细香”之感。

朱熹在武夷精舍广收门徒，创办书院，倡道讲学，著书立说。其间，理学学术活动活跃，朱熹的理学思想体系也趋于完善，其代表作品《四书集注》也问世于此阶段。彼时多有颇具盛名的学者来此受业于朱熹门下，如蔡元定、游九言、李方子、黄榦等；书院因此被现代海内外学者喻为“中国第一所私立大学”。书院传播布道形式灵活，内容翔实，从修身、齐家到言谈举止等，与日常融合，有着强大的感召力。借助建本技术，朱熹将自己和同人的著作刊发天下，数百名学者、弟子走出这所书院，载道前往五湖四海，推动了儒学新的复兴，为重新树立起儒家思想的地位奠定了牢固的基石。

九、“重洗仙颜”

明万历四十七年（1619），安徽理学家方孔昭题刻于云窝云路石的“重洗仙颜”，气韵生动，清秀流丽，现超凡脱俗之感于山林之间。方孔昭尊儒学，贬释道，主张以儒学来肃清人们思想中的儒释道混杂现象。他在《武夷》一诗中写道：“峰表铿翁二子能，曾孙有术多凭陵，鸡犬白云何缥缈，应是玄黄怪未了。独有考亭数字存，期间重洗五百仙人颜。”正是“重洗仙颜”的注脚（诗中“铿翁二子”指彭祖的二子彭武、彭夷，“曾孙”指武夷乡民，“考亭”指朱熹为代表的理学）。

十、“道南理窟”

由清乾隆元年（1736）武状元马负书题刻，于清乾隆四十四年（1779）镌于五曲溪西晚对峰麓，东向。每字两米见方，远远望去，气势非凡，引人遐思。马负书行伍出身，虽为武状元却喜舞文弄墨，尤喜大字书法，同时对朱子理学也甚为痴迷，二者相应便有了如今的“道南理窟”。马负书生前曾写下“道南石窟”四字拟勒刻于武夷山，但因军务繁忙，遂愿未得终。后由其子马应璧于乾隆四十四年，将其父手书四字勒于五曲晚对峰壁，了却其父生前遗愿。“道南理窟”四个擘窠大字，笔力雄浑、苍劲古雅，有银钩铁画之观，将武夷山乃“理学渊薮”的深厚历史内涵以摩崖巨刻的方式向世人醒目地揭示出来，集观赏性、艺术性和学术性于一体，从而成为历代武夷山摩崖石刻中最具代表性的一方（图7-8）。

图 7-8 “道南理窟”摩崖石刻（摄影：郑友裕）

第二节　洞天仙府石刻

武夷山地处东南一隅，远离战乱纷争，是一方人间仙境，且山水相映，云雾缭绕，为各种思想的形成和发展提供了天地之间的想象空间和无限的神秘色彩，因此被道士们视为“不死国”，是超越死亡、肉体不死的向往之地。武夷山自古以来就被认为是洞天仙府，相关石刻按内容主要分为三类：访友问道、采药炼丹、山中修道，体现了中国士大夫寄情山水的文化精神。

一、“物外”

李良杰于元泰定三年（1326）题刻于大藏峰的西北向。李良杰时任建宁府通判，与冲佑观住持张共玉、主簿高道孙一同游历武夷山，在大藏峰西北处刻石记录了此次出行，所刻“物外”二字乃赞美神仙居住之所。北宋词人柳永也在《巫山一段云》中写到“六六真游洞，三三物外天”，赞美了武夷山风光。

二、“名山大川”

明嘉靖二十九年（1550），由谷泉方宗善题刻于一曲水光石壁，与帝王的求仙愿望有关。唐朝时帝王的求仙活动达到全盛期，推动了神仙思想的发展，同时也刺激了民众对神山仙岛的向往渴求、对真实山水的游历和观赏。山水游赏和山水观赏使得山水成为一种文化意识渗透中国文人士大夫的精神生活，也使得山水进入人们的审美领域。在寄情山水的文化背景下，于唐天宝年间，朝廷遣使到武夷山，封武夷山为“名山大川”。

三、“求道访仙”

石刻镌于伏虎岩，是明嘉靖皇帝笃信道教、寻求仙方的真实记载。石刻中的汪、刘二高士即在接笋峰上隐居清修的汪三宝和刘瑞阳二位道士。明嘉靖皇帝朱厚熜笃信道教，李邦珍与钦差大臣、巡按直隶的监察御史姜儆于嘉靖四十三年（1564）端阳节，一同拜访汪、刘二位道士。根据史料推测，他们极有可能是奉皇帝之命，向两位高道讨取仙丹方术。

四、“洞天仙府”

清乾隆元年（1736），崇安知县刘靖题“洞天仟府”四字（仟，即仙）镌于三清殿外后壁。洞天仙府被道教视为神仙居住的名山圣地，亦是道士修仙的理想之地。明朝每逢中秋时节，地方官府会入山举行祭祀活动，武夷山道教得到快速发展，武夷山因此也被誉为“洞天仙府”。

五、“十六洞天”

清宣统三年（1911），武夷士绅朱敬熙题刻于天游峰胡麻涧西壁。中国道教有三十六洞天，其中第十六洞天即为止止庵。止止庵已历经1700余年的岁月变迁，始建于晋朝，鼎盛期为明清，南宋道教金丹派南宗创始人白玉蟾，曾出任止止庵住持。止止庵山门有一副对联：“到此十六洞天方知天外有天当止则止，仰其百千仙道始悟道非可道应行便行。”止止庵“止其所止，止观止念”的理念，融合体现了儒释道三教的共同理念（图7-9）。

图 7-9 “十六洞天”摩崖石刻（摄影：郑友裕）

六、“武夷升真元化之洞洞天”

题刻于云窝伏虎岩，源于道教之宇宙论，意为进阶真人修行的第一福地，涵盖七十二福地、三十六小洞天、十大洞天等重要遗迹，是道教修习羽化的神圣空间。据《异仙录》记载：始皇二年，有仙人降于此山，自称武夷君，统录群仙。因而得名武夷山，是早期道教开拓的名山，位列升真元化第十六洞天。武夷山自古山水灵秀，一千多年来，道人接踵，道观遍布，后来又发展为三教同山，三法同修，胜似仙境（图7-10）。

图 7-10 “武夷升真元化之洞洞天”摩崖石刻（摄影：黄海）

第三节　咏景抒情石刻

武夷山摩崖石刻中咏景抒情的类别最多，各景区的岩壁上都留有不同朝代文人墨客的作品，内容博大精深，形式多样。如蕴含人生哲理的名言警句，记录山水之行的游记，歌颂自然山水的词句，直书景点的名称及出行到此触景生情、直抒胸臆的楹联。

一、“九曲溪”

宋开禧三年（1207），赵师岩题刻于一曲溪水光石，东向。九曲溪水环山而绕，蜿蜒数峰，一溪九曲，故而得名，被古人喻为九天仙境纳银河星宿。古人游历武夷山九曲溪风光，多从一曲处逆流而上，将其视为游览的起点。而现在游览九曲溪的游客均从星村开始顺流而下，一曲便成为游览的终点（图7-11）。

二、“陈实公”

元泰定四年（1327），陈实公题刻于四曲题诗岩的东南向，记录了主谒者京官与随行十余人朝圣时虔诚的神态和愉悦的感受。拜谒之时，众官员谈论朱公的圣绩，乐而忘归，谈至日暮才离祠而去。

图7-11 “九曲溪”摩崖石刻（摄影：黄海）

三、“碧水丹山”

图7-12 “碧水丹山”摩崖石刻（摄影：郑友裕）

无名氏于明建文时期（1399—1402）题刻于一曲水光石的东南向。碧水丹山是武夷山的美称，源于南朝时期著名诗人江淹的《江文通集》，时任吴兴（今福建浦城县）令的江淹曾游览武夷山，写下了对武夷山的赞美：“地在东南峤外，闽越之旧境也。爰有碧水丹山，珍木灵草，皆淹平生所至爱”（图7-12）。

四、“武夷第一峰”

刘世泽于明嘉靖二十年（1541）题刻于天游峰胡麻涧东壁的西向。天游峰立于众峰之上，是武夷第一览胜之处，故被称为“武夷第一峰”。明代地理学家及旅行家徐霞客曾经游历至此，不禁感慨：“不临溪而能尽九曲之胜，此峰固第一也。”刘世泽是慕名而来的游客，登上天游峰巅，俯瞰九曲清溪，与徐公之感不谋而合，遂题刻于此（图7-13）。

五、“镜台”

谢上箴于明嘉靖二十九年（1550），题刻于二曲溪南勒马岩，北向。镜台源于勒马岩及相邻的玉女峰，古人因二者相距较近，便将勒马岩拟作玉女梳妆打扮的妆台，故又称妆镜台。也有人认为“镜台”出自佛教偈语“心如明镜台”，表达四大皆空、清明心境的意思（图7-14）。

◤ 图 7-13 “武夷第一峰”摩崖石刻（摄影：郑友裕）

◤ 图 7-14 “镜台”摩崖石刻（摄影：黄海）

六、“人共云闲”

武夷山位于闽北山区，山清水秀，成为士大夫们隐逸寄情的绝佳之地。他们纷纷来此卜筑隐居，寄情山水，为武夷山留下弥足珍贵的摩崖石刻。“人共云闲”位于云窝景区的“云”字石刻区内，表达了明代士大夫陈省寄情山水的精神追求。

七、“壁立万仞”

明代风云人物，曾任兵部侍郎的陈省，因为厌恶官场黑暗，隐居武夷山十余年间，留下许多摩崖石刻。“壁立万仞”题刻于仙掌峰，意在表达自己独立不群，出淤泥而不染，不与世俗同流合污的人格志向（图7-15）。

八、“真山水”

林翰于清康熙四十年（1701）题刻于四曲溪北金谷岩，东南向。作者是当时小有名气的秀才，被建州太守庞垲招致幕府，随行游赏武夷山，有感于武夷之山清水秀，遂题词赞叹武夷好山好水（图7-16）。

图 7-15 “壁立万仞”摩崖石刻（摄影：黄海）

图 7-16 “真山水”摩崖石刻（摄影：郑友裕）

九、“第一山”

徐庆超于清道光十二年（1832）题刻于天游峰胡麻涧西壁，东向。在武夷山三十六峰、九十九岩中，唯登天游峰，便可一览九曲溪的美景，又可观赏到奇特的山峰沟壑。登峰巅，望云海，宛如遨游于蓬莱仙境、九天神宫，遂称天游峰为武夷第一山。

十、“寿”

柯朴妙于清光绪二十八年（1902）题刻于天游峰胡麻涧，东向。天游观住持柯朴妙日常修持佛法、续佛慧命，所刻“寿”字，取形好似一位屏息练功的老僧，双手握拳，气定而立，阳刻于石壁之上，寓意着阳寿绵长，吉祥长寿（图7-17）。

图 7-17

“寿”摩崖石刻（摄影：郑友裕）

第四节　茶香岩韵石刻

武夷之茶兴于唐，盛于宋，经万里茶道，远销世界，饮誉全球。有关茶事活动的摩崖石刻，也成为武夷文化的瑰宝，内容包括茶名来源、茶丛种植地点、记事状物等，不仅是武夷山世界文化遗产的重要组成部分，亦对中国茶史的研究具有重要意义。

一、“晚甘侯”

“晚甘侯”三字题刻于武夷九龙窠的岩壁上。武夷茶传说始于汉、见载于唐，晚甘侯乃武夷岩茶的一种，甘香浓馥，初尝口感涩中带苦，待入喉过后回甘浓厚，回味无穷，在武夷山当地被认为是适合用于夏季防暑的岩茶。据记载，唐著名文学家孙樵在《送茶与焦刑部书记》一文中提道，“晚甘侯”原为将武夷茶拟人化而得，代表晚节高尚之人。此后，“晚甘侯”一词名声大噪，并成为武夷岩茶最早的美名（图7-18）。

二、“两院司道批允免茶租告示”

告示题刻于武夷山七曲溪北金鸡社岩壁上，刻于明万历四十三年（1615）。幅面宽5.7米、高2米，距地面水平高度4.3米，现保存完好。石刻文字近千，是茶文化石刻类型中字数最多的。内容主要展示了当时武夷山道人联名状告地方豪徒等对茶叶强要贱买的种种劣迹，地方政府颁布了相应的规定以杜绝这种情况的发生，包括免除茶租等。这是武夷山历史中现存最早的一道有关保护茶农、僧道利益的官府告示（图7-19）。

图 7-18 “晚甘侯”摩崖石刻（摄影：余燕芳）

图 7-19 “两院司道批允免茶租告示”摩崖石刻（摄影：余燕芳）

三、“幔亭”

“幔亭”二字刻于武夷山著名的三十六峰之一——幔亭峰上，为明代吴思学所书，赫然醒目，遒劲有力。幔亭峰地处深山，常年云雾缭绕，采天地之灵气，吸日月之精华，所产茶叶深得岩骨花香之韵味，耐人寻味，妙不可言。

四、“应接不暇”与“庞公吃茶处”

石刻镌于五曲北岸码头，刻于清康熙三十年（1691），其来源与建宁当地知府庞垲有关。传闻当时，庞垲微服巡游之时目睹码头茶馆生意兴隆，人群接踵而至，心情甚是愉悦，便题勒“应接不暇”四字以记此况，其幕僚及山中名僧随之题勒“庞公吃茶处”于其旁，便有了这两处石刻的记录（图7-20、图7-21）。

图 7-20 “应接不暇”摩崖石刻（摄影：郑友裕）

图 7-21 “庞公吃茶处”摩崖石刻（摄影：郑友裕）

五、福建延、建、邵道按察使司告示碑

告示于清康熙三十五年（1696）题刻于武夷山四曲之题诗岩上，现保存完好。内容提及福建延、建、邵道按察使司查清当地土豪、奸商勾结刁难百姓、侵害僧人的实情后特发此告示，称对不依民价、亏短勒索者要“即行拿究”，“绝不宽容”，可谓关乎茶农、僧道生计。

六、崇安县衙告示碑

告示题刻于武夷山四曲之诗所在的岩壁上，现保存完好，是崇安县衙为“坚决贯彻上司指示”，在福建延、建、邵道按察使司告示后即行颁布的同主题告示。

七、福建陆路提督告示碑

告示于清康熙五十三年（1714）题刻于武夷山四曲溪北金谷岩，现保存完好。此系继清康熙三十五年（1696）后的又一方关于“保护茶农、僧道利益”主题的石刻。颁告者为福建省总兵、左都督杨琳，他正告衙门、各官，买茶“应赴茶行照时价公平买卖”，“倘敢故违，一经查出，定行察究”，言简意赅（图7-22）。

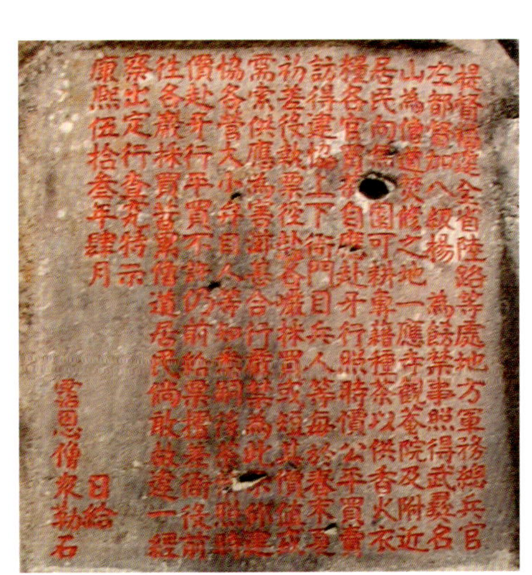

图 7-22
“福建陆路提督告示”摩崖石刻（摄影：郑友裕）

八、建宁府告示碑

告示碑题刻于清乾隆二十八年（1763），立于云窝石沼青莲亭前，乃游人必经之处。碑高1.8米、宽0.8米，碑刻内容提及僧道之人状告前县令等人关于茶价纷争的实情及处理情况，同时针对该情况对地方官员发布相关禁示，以警戒贪欲之辈。

九、“悟源涧”

悟源涧流经马头岩，其名号源于涧旁的幽幽石径，此清静之景可起到令人心神安定、悟道思源之用。“悟源涧”三字题刻于乾隆年间，由作为石径修建出资人的江西茶商镌于涧旁石壁上，醒目可见，目的是提醒途经此处的游人沉淀身心，有所悟并思其源。涧内种植茶树众多，包括有名的水仙、肉桂等，所产茶叶均为茶中极品，香味十足。

十、“大红袍”

大红袍被誉为武夷茶“茶中之王”，据载起源于清代，长自九龙窠的陡峭岩壁上，其生长条件得天独厚，被世人奉为珍宝。石刻由县长吴石仙于民国三十二年（1943）题刻，其苍劲书法更为佳茗增添光辉。传闻大红袍具有神奇功效，引得世人垂涎不已，盗叶者屡见不鲜，当地官府不得不派专人看守，并凿去崖阶，以保护茶树（图7-23）。

图 7-23 “大红袍”摩崖石刻（摄影：郑友裕）

十一、“不可思议”

石刻为施棱先生于民国时期题刻于牛栏坑岩壁，源于一起武夷岩茶讼争的事件。传说古时有一茶树长于牛栏坑岩边，丛体矮小，干灰叶绿，一日大雨使得茶园崩塌，此茶丛掉落至兰谷岩茶厂坑下，其浮于水面，酷似乌龟爬行，故名曰“水金龟”。自此，两家为此茶丛的归属争吵不休，甚至诉讼公堂，耗资无数，“水金龟”之名从此声名大起。施先生困惑难解，便于此镌刻“不可思议”，以抒感叹（图7-24）。

十二、“不见天”

石刻题刻于今九龙涧狭谷悬崖高处。不见天为武夷名丛一奇观，属岩茶名品，植株高大，无性系，灌木型，中叶类，树姿半张，分枝茂密，叶片水平状着生。叶芽较密，持嫩性强。不见天产于九龙涧狭谷凹处，此处有奇岩泉瀑，环境尤佳，且日照极短，阴凉湿润，因此所栽茶株品质优异，受众人喜爱，文人墨客因而喻之为不见天，后有喜文弄墨者便勒字于其旁（图7-25）。

十三、“茶洞”

茶洞别名“玉华洞”“升仙洞”，相传是第一株茶树的发现地，坐落于六曲溪东面，今洞中仍有数丛饱经岁月的古茶树。茶洞刻于崖壁之上，意境有“峥嵘深锁”之意，年代及勒者暂无从辨考。茶洞源于一起传说，相传古时山中有一名为“半仙”的老人，不慎跌下山崖，被仙人救之，醒来时发现仙人所用之药为茶树叶片，半仙老人见此处高峰萦绕，自成天地，于是便将仙人留下的茶树栽下培植，以便妙用，不久，茶树生长茂盛，且品质上乘（图7-26）。

图 7-24 ◥
“不可思议”摩崖石刻
（摄影：余燕芳）

图 7-25 ▶
“不见天”摩崖石刻
（摄影：余燕芳）

图 7-26 ◢
“茶洞”摩崖石刻
（摄影：郑友裕）

第三篇

薪火相承 持续发展

第八章　申遗之路　保护同行

世界遗产是人类罕见的、无法替代的财富，是全人类公认的具有突出意义和普遍价值的文物古迹及自然景观。能够被联合国教科文组织和世界遗产委员会确认列入世界遗产，是许多国家与地方孜孜追求的目标。武夷山有幸成为中国四个文化和自然双遗产地之一，不仅是中国的骄傲，更是武夷山厚重历史与文化积淀的真实写照（图8-1）。

图 8-1 天游云海（摄影：黄海）

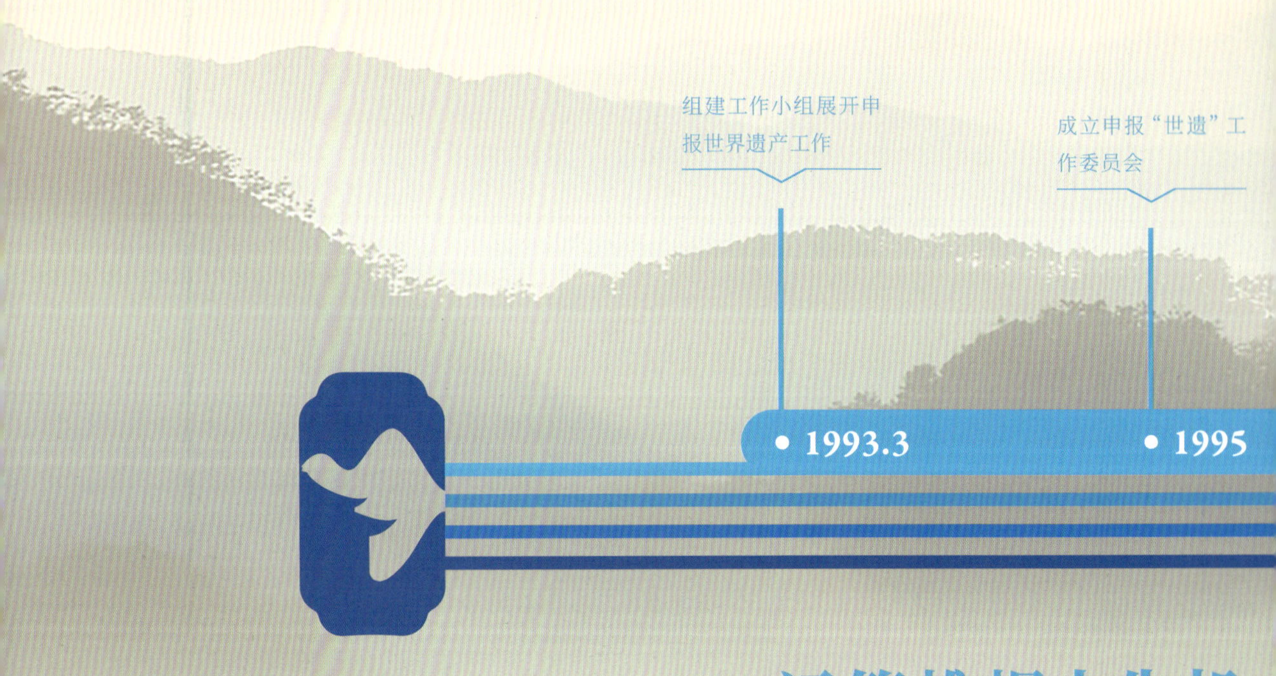

运筹帷幄占先机

抢抓机遇→积极应对→郑重推荐

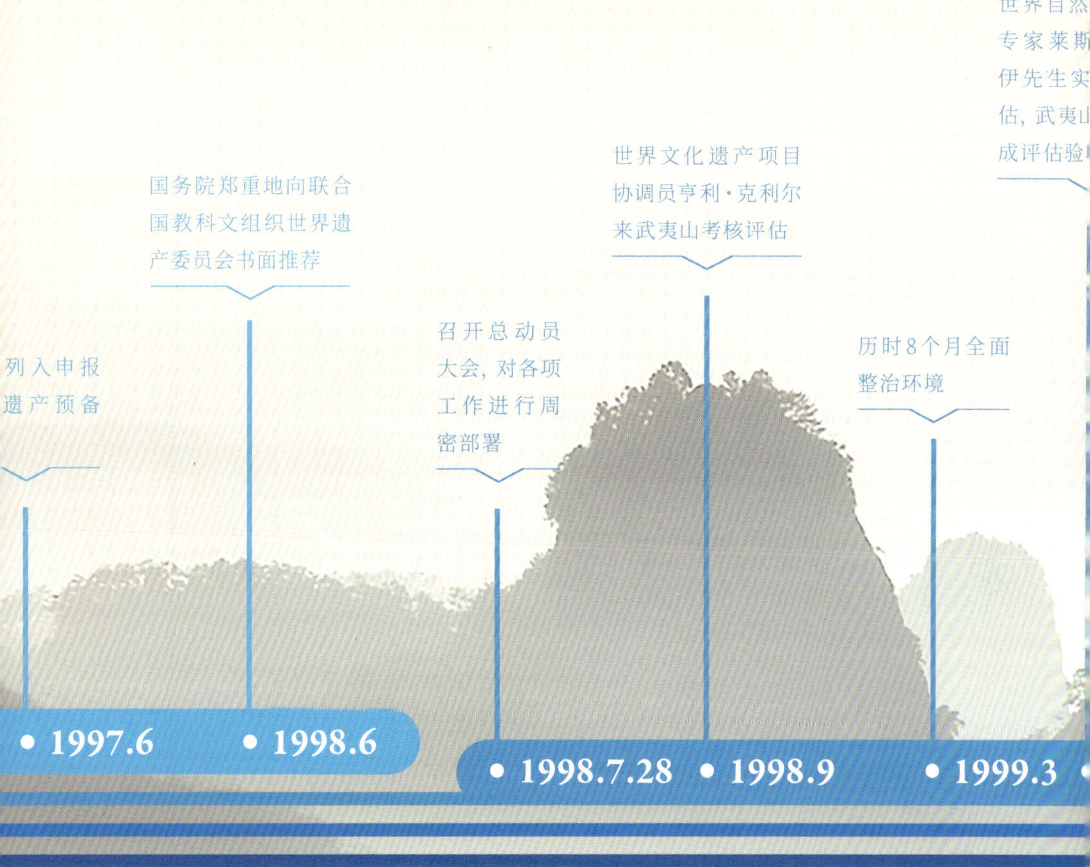

攻坚克难获赞誉

时间紧任务重→资金缺整治急→协调强评估

第一节 漫漫申遗路

回顾8年漫长申遗之路，武夷山人起笔挥毫，皴笔交叠，将这奇特瑰丽的山川河流与博大厚重的历史文化以最完美的姿态绘入世界遗产画卷中。

一、起点：1993—1998年

武夷山自古就是一座自然与文化名山，风光秀丽，文化荟萃。若要继续保护这一方神山圣水、坚持可持续发展，武夷山市需要一张世界级的名片与公认的形象。20世纪90年代初，当世界遗产概念尚未在国内普及时，武夷山市委、市政府就已敏锐地意识到申遗的重要性以及对武夷山的战略意义，开始着手申遗的准备工作，一方面提高保护管理水平，另一方面积极准备申报文件。

1993年3月武夷山市政府召开申报世遗的第一次筹备会议，会上有人提出："世界有个遗产叫世界文化自然遗产，若能申报成功，则武夷山走向世界大有希望。" 可谓一石激起千层浪，自此点燃了武夷人申报世界遗产的激情。

若能列入世界遗产名录，武夷山除了能够获得技术和资金上的帮助外，更重要的是可以得到国际社会的认可。国际上一致认为世界遗产是全人类的共同遗产，即使在战时也不能将其作为军事进攻的目标。毫无疑问，能够列入《世界遗产名录》的地方

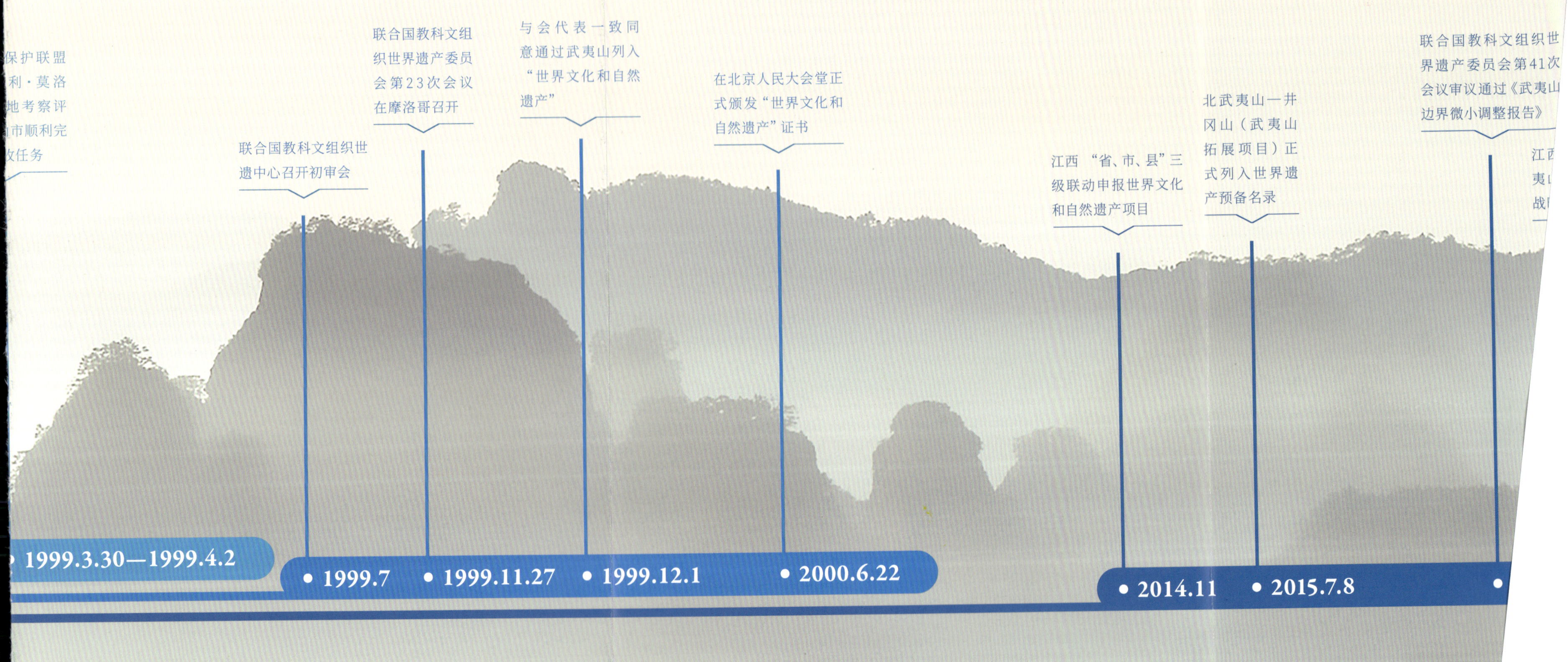

齐心协力竞成功

当地材料充分→专家学者支持→最终申遗成功

联建共赢享福祉

联动申报项目→边界调整通过→闽赣跨区

凤毛麟角，必须极为独特、价值突出。因此对世界遗产申报地的评估、考察和审议流程十分严格，具有权威性、专业性和公正性。根据《保护世界文化和自然遗产公约》规定，同一项目一般仅拥有一次申报机会，不得复议。随着世界文明的进步和大众对世界遗产的了解越来越多，各国普遍认为入选《世界遗产名录》是提升文化软实力和综合国力的绝佳途径，因此纷纷准备申报，竞争异常激烈。就中国而言，申报世界遗产而未获得批准的项目约占申报总量的1/4，其风险也显而易见。

武夷山市政府当机立断，决定组建工作小组开展申报世界遗产工作，得到了各职能部门与景区管理部门的积极响应。工作小组以此为契机，开始全面的学习考察，广泛借鉴其他区域的申报经验。经过紧锣密鼓的准备，1993年5月，工作小组编写了第一份申报文件，赴北京向中国联合国教科文组织全国委员会和建设部汇报。由于时间仓促加上经验不足，结果不尽如人意，但通过此次汇报，工作小组深入了解了世界遗产的价值与申报程序的严格，研判了武夷山申遗的优劣势，更坚定了申请的信心。之后的一年时间里，工作小组一面提升管理和申报国家级文物保护单位的工作水平，一面积极联络，等待时机列入预备清单。

为展现武夷山的秀美风光、扩大武夷山的影响、助推申遗工作，武夷山市政府和武夷山国家级自然保护区管理局决定发行武夷山邮票。1994年9月30日，《武夷山》（1994-13）特种邮票首次公开发行（图8-2）。该邮票由邹建军设计，是一套四连票，票面值各为0.5元，选取了4个最具特色的景点，全面展现了武夷山玉女峰、九曲溪、挂墩和草甸的风貌，全景贯通，一气呵成，俨然成为武夷山的缩影。该套邮票在国内外引起了热烈的反响，一时间供不应求。

图8-2　武夷山邮票（兰思仁提供）

1995年，峨眉山—乐山大佛递交申报世界遗产文本的消息传来。这一消息再次激发锐意。武夷山市委、市政府立即召开会议，市领导强调：“武夷山有突出的自然与文化价值，也有申报世界双重遗产的条件，我们不能坐等，要抢抓机遇，奋起努力，挑起为国争光、为民族争辉的重担！”于是，申报世遗工作委员会于1996年3月正式成立（图8-3），标志着武夷山人开始向世界遗产发起新的冲刺。有人说，这是在修登天之路，其实一点不假。万一不成功，其负面影响也是巨大的。同年1月，武夷山市第二次向国家提出申遗申请，并邀请专家赴武夷山考察。

1996年4月，在武夷山召开的全国风景名胜区保护管理工作研讨会标志着武夷山争取列入申遗预备清单的开始。此后的一年时间里，申报世界遗产工作委员会紧锣密鼓地进行武夷山遗产申报相关材料的征集和编写工作。新一版申报材料整理完便立即提交建设部、国家文物局、国务院办公厅秘书三局和中国联合国教科文组织全国委员会。三部局研判后，一致同意将武夷山作为1998年的申报单位。辛苦努力和热忱终有了回音，1997年6月，武夷山被正式列入申报世界遗产预备清单。

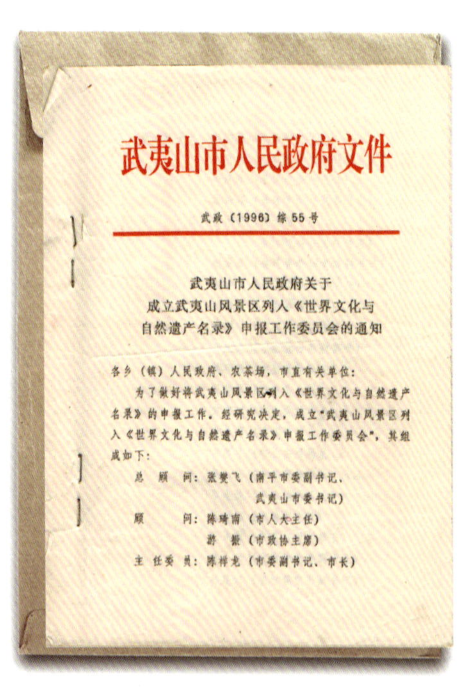

武夷山市人民政府文件

武政〔1996〕综55号

武夷山市人民政府关于
成立武夷山风景区列入《世界文化与
自然遗产名录》申报工作委员会的通知

各乡（镇）人民政府、农茶场，市直有关单位：

为了做好将武夷山风景区列入《世界文化与自然遗产名录》的申报工作，经研究决定，成立“武夷山风景区列入《世界文化与自然遗产名录》申报工作委员会”，其组成如下：

总 顾 问：张燮飞（南平市委副书记、武夷山市委书记）

顾 问：陈琦南（市人大主任）

游 [illegible]（市政协主席）

主任委员：陈祥龙（市委副书记、市长）

图8-3

武夷山市人民政府成立申报世界遗产工作委员会的文件（武夷山风景名胜区旅游管理服务中心提供）

此后，国内专家团赴武夷山考察，指导工作并参与申报文本撰写，见解独到，切中时弊，提出了一系列问题及建议，其中有一个重大决策就是把武夷山自然保护区列入申报范围一同申报。申报材料在调整、修改过程中，得到省直多部门的大力支持，申遗工作组责任重，效率又必须高。一旦失误，申报就要推迟一年。当时电脑还未普及，文本只能用钢笔逐字撰写。每位专家都极为认真地对待分配任务，通过实地考察、翻阅数以万计的资料、参与无数次讨论之后，再执笔成稿。有一位写作组的同志每晚修改材料工作到半夜，啃黄瓜解渴，其艰苦可见一斑。申报书印刷后，负责同志连夜携带材料飞往北京，由四部委行文正式上报国务院主要领导签批。

1998年6月，中国郑重地向联合国教科文组织世界遗产委员会发出书面申请，正式推荐武夷山申报世界文化自然遗产。与此同时，两套厚重翔实的中英文申报文本（图8-4）也被送至联合国教科文组织世界遗产委员会。至此，在国家的支持下，凭借武夷山人坚毅的精神与过人的胆略，武夷山申遗之路才得见曙光，真正取得1998年的申报权（图8-5）。

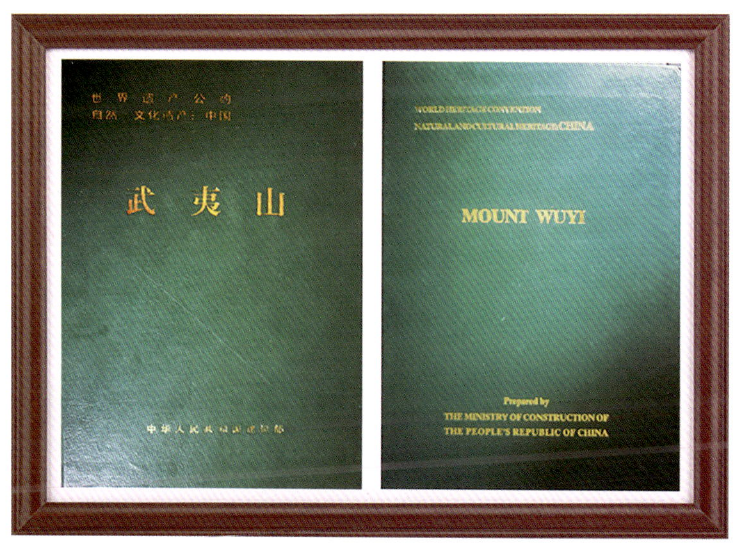

图8-4　武夷山申遗文本中英文版（阮雪清提供）

ZHOUMO TEKAN　热线电话:7095509　责任编辑　吴孝武　FUJIAN DAILY　·第27期·　1998年7月17日　星期

福建日報　周末特刊

SPECIAL WEEKEND

国务院批准武夷山申报世界遗产名录

武夷山申报《世界文化和自然遗产名录》工作取得实质性进展，日前，国务院已批准武夷山作为今年我国向联合国教科文组织世界遗产委员会推荐的单位，力争明年列入该名录。

武夷山素以独特的自然景观和丰厚的历史文化内涵闻名于世，是世界上同纬度带现存面积最大、保护最完整的亚热带森林生态系统，动植物种类极为丰富，具有全球生物多样性保护意义。位于城村的汉城遗址是我国江南保存最完整的古城遗址之一，1996年列为全国重点文物保护单位。这些，使武夷山从此次提出申报要求的50余个国家级风景名胜区中脱颖而出，与申报文化遗产的重庆大足石刻一并被列为今年度我国“世界遗产”申报单位。上月底，所有申报材料已送到联合国教科文组织世界遗产委员会。

若申报成功，武夷山的价值将得到国际社会的认可与保护，并将极大地推动我省风景区事业的发展，提高福建省和武夷山在全国乃至全世界的知名度和影响力，促进福建的对外开放水平和旅游业的发展。

据介绍，截至1997年底，全世界列入名录的文化和自然遗产项目为552个。我国目前共有19处国家重点文物保护单位和风景名胜区列入名录，其中，文化和自然遗产3项，文化遗产12项，自然遗产3项，文化景观1项。

（韩奕　杨明　熊慎娟）

行业协会向CVD发出“最后通牒”

宣布若不符合SCVD标准将被视为不合格产品

中国电子音响协会首次对CVD的“标准”问题明确提出异议。该协会……

CVD在软件准备上较为粗糙，不仅CVD碟片尚未面世，而且……

图8-5　国务院批准武夷山申报世界遗产名录
（武夷山风景名胜区旅游管理服务中心提供）

二、攻坚：1998—1999年

申报文本正式递交后，武夷山申遗之路进入争分夺秒的攻坚冲刺阶段。从1993年决定申报起，武夷山申遗已跨入第6年，即将迎接专家的评估考察，成败在此一举。在正式评估前，亟须进行武夷山申报范围及外围缓冲地带的全面环境整治，亟须对文化遗产部分进行材料补充，其中的工作难度难以想象。

武夷山市委、市政府对申遗形势进行全面分析后，客观地认识到申报所面临的巨大困难：时间紧，专家实地验收迫在眉睫；面积大，武夷山申报的遗产面积是中国申报的遗产地中最大的；协调难，申报区域跨度大，涉及单位较多，包括4个区、4个乡镇（场）、10个村，整体管理协调困难；资金缺，遗产地环境整治所需投入的资金在亿元以上，资金缺口极大。

武夷山市委、市政府迎难而上，于1998年7月28日召开总动员大会，对各项工作进行周密的安排部署。8月9日，武夷山市委、市政府再次召开大规模誓师大会，在“举全市之力、背水一战、确保申报世界遗产成功”的号召下，火线成立指挥部及 13 个工作组，一场空前的历史性伟大工程——“世遗”整治建设战斗打响了。各单位领导签订责任状，制定详细工作计划，各责任小组夜以继日、有条不紊地开展各项工作。环境整治力图山水草木、文物古迹相协调，使武夷山大画卷真正返璞归真，还自然以本色，还历史以沧桑。

在申遗攻坚期间，武夷山上上下下形成了“我为‘世遗’做贡献”的浓厚气氛，激发了广大市民舍小家为大家的爱国情和保护武夷山水的自觉性。在绿化工作推进中，由全市领导干部在桂林村草地上“自种一棵桂花树”。整治后，武夷山焕然一新，市民们看过后无不啧啧称奇，“就像天方夜谭，实在是变化太快了”。

世界遗产项目协调员亨利·克利尔先生、文物修复研究中心协调员尤嘎·昭克赖特先生和世界自然保护联盟专家莱斯利·莫洛伊先生先后于1998年9月和1999年3月到武夷山对遗产进行考核评估。第一次考察时克利尔先生针对环境整治存在的问题提出了明确建议（图8-6）。在整治工作后，迎来了正式的验收考察。莫洛伊先生代表联合国教科文组织世界遗产委员会在武夷山进行了为期4天（1999年3月30日至4月2日）的实地考察（图8-7），考察线路涵盖黄岗山、九曲溪、天游峰、武夷宫和古汉城遗址，对申报文本、武夷山的遗产价值和保护管理水平给予了很高评价。

通过聆听验收报告、多方考察和资料考证，莫洛伊先生感慨："武夷山的物种资源超过了中国已批的遗产地。""武夷山是全球生物多样性保护的关键地区。"他向陪同考察的工作人员明确表态，自己将尽全力向世界自然保护联盟呈递一份完整翔实的考察报告。应国际古迹遗址理事会的要求，莫洛伊先生欣然同意提供武夷山自然景观与文化遗存双重价值方面的资料，并提出了个人见解。而后，建设部对评估考察做出总结，认为"这次联合国专家考察武夷山，同时拥有天时、地利、人和，考察非常成功，专家对申报文本、武夷山的遗产价值和保护管理水平给予了很高的评价"。

图8-6
世界遗产专家亨利·克利尔考察武夷山城村（阮雪清提供）

图8-7
世遗专家莱斯利·莫洛伊在武夷山国家级自然保护区进行实地评估考察（摄影：黄剑）

三、共赢：1999年至今

（一）八年申遗 终获认可

1999年，武夷山遗产地于7月终于进入了关键的初审阶段，联合国教科文世界遗产中心主席团在法国巴黎召开了初审会。会上，主席团凭借第一次考察时亨利博士的评估报告，对武夷山城村闽越王城提出意见，认为应暂且不报或补充材料再议。

会后，中国代表团经过慎重的讨论，决定提出申诉，相关工作组齐心协力，坚决不放弃，材料组梳理武夷山作为文化遗产的价值和精髓，文本组引经据典地阐释武夷山各个文化因素之间的关联，翻译组则施展语言的魅力。与此同时，闽越王城博物馆也已建好并布馆（图8-8、图8-9）。这座当时中国唯一的仿汉博物馆，从基建到布馆结束只用不到6个月的时间，创造了“武夷速度”。经过不断的沟通和材料补充，国际古迹遗址理事会终于同意推荐。

至此，武夷山遗产地终于得以用完整面貌亮相于摩洛哥联合国教科文组织世界遗产委员会第23次会议（1999年11月27日至12月3日）。当会议进行到最为紧张的评审环节，戴维、亨利两位协调员分别代表两个组织汇报。执行主席就武夷山文化和自

图8-8 修建中的闽越王城博物馆（闽越王城博物馆提供）

◤ 图8-9 城村汉城遗址（左）与闽越王城博物馆（右）远景（闽越王城博物馆提供）

然双遗产连问了三遍，与会代表均无异议，一致同意通过武夷山列为“世界文化和自然遗产”。武夷山申遗终获成功！历史将铭记这一难忘的历史时刻。

武夷山市景区主任徐恩华抑制不住内心的激动，飞快冲出会场向远方的父老乡亲通报。当电话拨通的一刻，徐主任涨红着脸，用提高了可能不止八度的声音，一字一句地向市领导报告喜讯，说话时连肢体好像都在颤抖，一句“成功了”之后，电话两端是哽咽的静默。那一幕是何等的感人，让人永难忘怀。1999年12月1日晚，武夷山市民自发地放起了庆祝的焰火和鞭炮；12月3日，参与申遗的领导、专家陆续来到武夷山，晚上在体育馆召开隆重热烈的庆祝大会，并安排踩街游行活动，足见武夷山干部群众的由衷喜悦。

听闻佳音，时任省长习近平同志专门发了贺电。早在申遗过程中，习近平就与武夷山有着不解之缘，他亲自召开了省长办公会，推动了申报事宜。此后，他又推动出台了武夷山文化和自然遗产保护的相关条例。

2000年，联合国教科文组织世界遗产委员会在北京人民大会堂向武夷山正式颁发“世界文化和自然遗产”证书（图8-10）。

武夷山的申遗工作是一个系统工程，离不开政府部门的高度重视与精心组织、众多专家学者的支持帮助以及当地社区的积极配合。国家各部委、各级政府

UNITED NATIONS EDUCATIONAL, SCIENTIFIC AND CULTURAL ORGANIZATION

CONVENTION CONCERNING THE PROTECTION OF THE WORLD CULTURAL AND NATURAL HERITAGE

The World Heritage Committee has inscribed

Mount Wuyi

on the World Heritage List

Inscription on this List confirms the exceptional and universal value of a cultural or natural site which requires protection for the benefit of all humanity

DATE OF INSCRIPTION 4 December 1999

DIRECTOR-GENERAL OF UNESCO

联合国教育、科学及文化组织

保护世界文化和自然遗产公约

世界遗产委员会已将

武夷山

列入《世界遗产名录》

此系确认武夷山遗产地的文化和自然景观具有突出意义和普遍价值，为了全人类的利益应对其进行保护。

确认日期 1999.12.4

联合国教育科学及文化组织总干事

松浦晃一郎

图8-10 武夷山世界文化和自然遗产证书（阮雪清提供）

之间的充分协调是武夷山申报世遗工作的重要保障。众多国家级专家积极响应，前来援助武夷山申遗工作。专家中既有植物学、考古学、地质学、美学等诸多领域内的学者教授，也有参与过申报工作的管理专家，阵容可谓强大。诸多专家和领导多次莅临武夷山，反复深入申报区域，不辞辛劳地实地调研，采集多方资料并多次论证。地方积极性在武夷山申遗各项工作推进中发挥了重要作用。在基础设施修建过程中，地方干部群众苦干实干挥汗如雨，吃住办公都在现场；在环境整治过程中，当地政府迅速组建指挥部，依法制定标准，村干部带头行动，社区居民积极配

合，确保申遗顺利开展。

武夷山遗产地纳入国际保护框架中，保护工作进入新的历史发展阶段，当地群众、游客、工作人员的保护意识都提升到新的高度。正如当时的一句口号“武夷山属于中国也属于世界，中国人民和全人类共有共享”（图8-11）。福建武夷山漫长的申遗之路已经走向胜利的终点，而对武夷山文化和自然遗产的保护永远在路上。

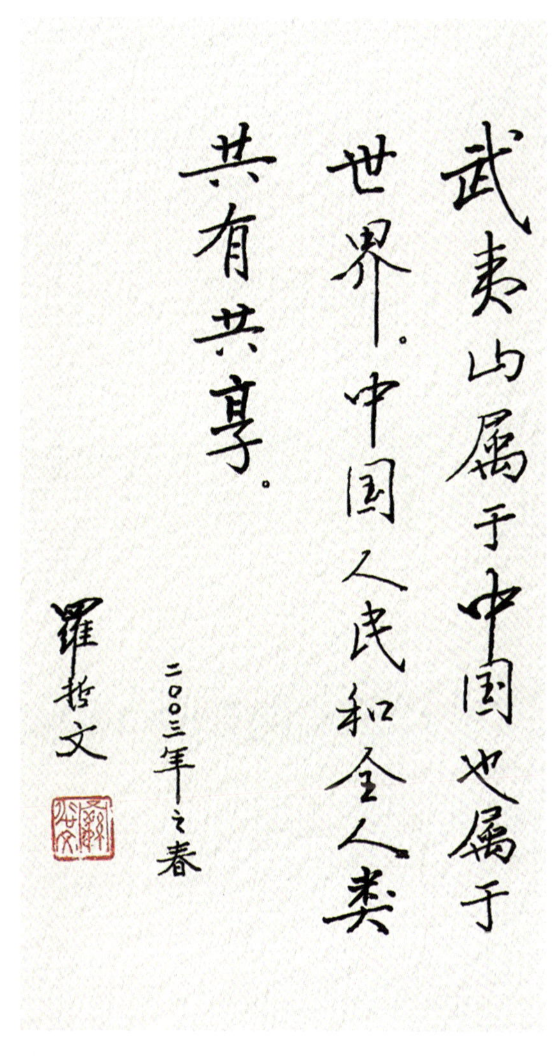

图8-11
题签：武夷山属于中国也属于世界。中国人民和全人类共有共享。（罗哲文书）

（二）两省联合共同保护

2017年7月10日，第41届世界遗产大会审议批准武夷山遗产地边界微调，江西省铅山县境内的武夷山被列为世界文化和自然遗产地。福建和江西两省共同推动联合保护，实现价值同享与生态共赢。

武夷山脉横跨闽赣两省，但因行政区划等原因，早年武夷山世界遗产地以山脊线划定范围，位于福建省内的武夷山南部被划为世界遗产地，而位于江西省铅山县境内的武夷山北部被划为遗产地缓冲区。世界自然保护联盟在《世界遗产评估报告（2014）》中指出：福建武夷山遗产地拥有清晰的价值和有效的管理，强烈建议并敦促调整遗产地边界，将遗产地范围拓展至江西铅山武夷山。

在江西省委、省政府和上饶市市委、市政府的领导及上级有关部门的鼎力支持下，铅山县委、县政府攻坚克难，用两年时间完成武夷山世界遗产地范围北拓项目。依据《实施〈世界遗产公约〉操作指南》第Ⅲ.Ⅰ“修改世界遗产的边界、原列入标准或名称”中“163. 边界微小调整”的规定，江西铅山境内的武夷山以“边界微小调整”路径申报世界遗产（图8-12），在福建武夷山世界遗产地的基础上进行微小拓展。

武夷山遗产地范围北拓成功后，2017年7月16日福建省武夷山市和江西省铅山县本着优势互补、互利共赢的原则，建立战略合作关系，正式签订《武夷山世界遗产保护与利用战略合作框架协议》，自此两省开始掀开了联合保护、合作共赢新篇章。

图8-12
边界调整所纳入的武夷山（江西铅山）地形详图和卫星图[①]

① 图片来源：《武夷山世界双遗产边界微小调整报告》

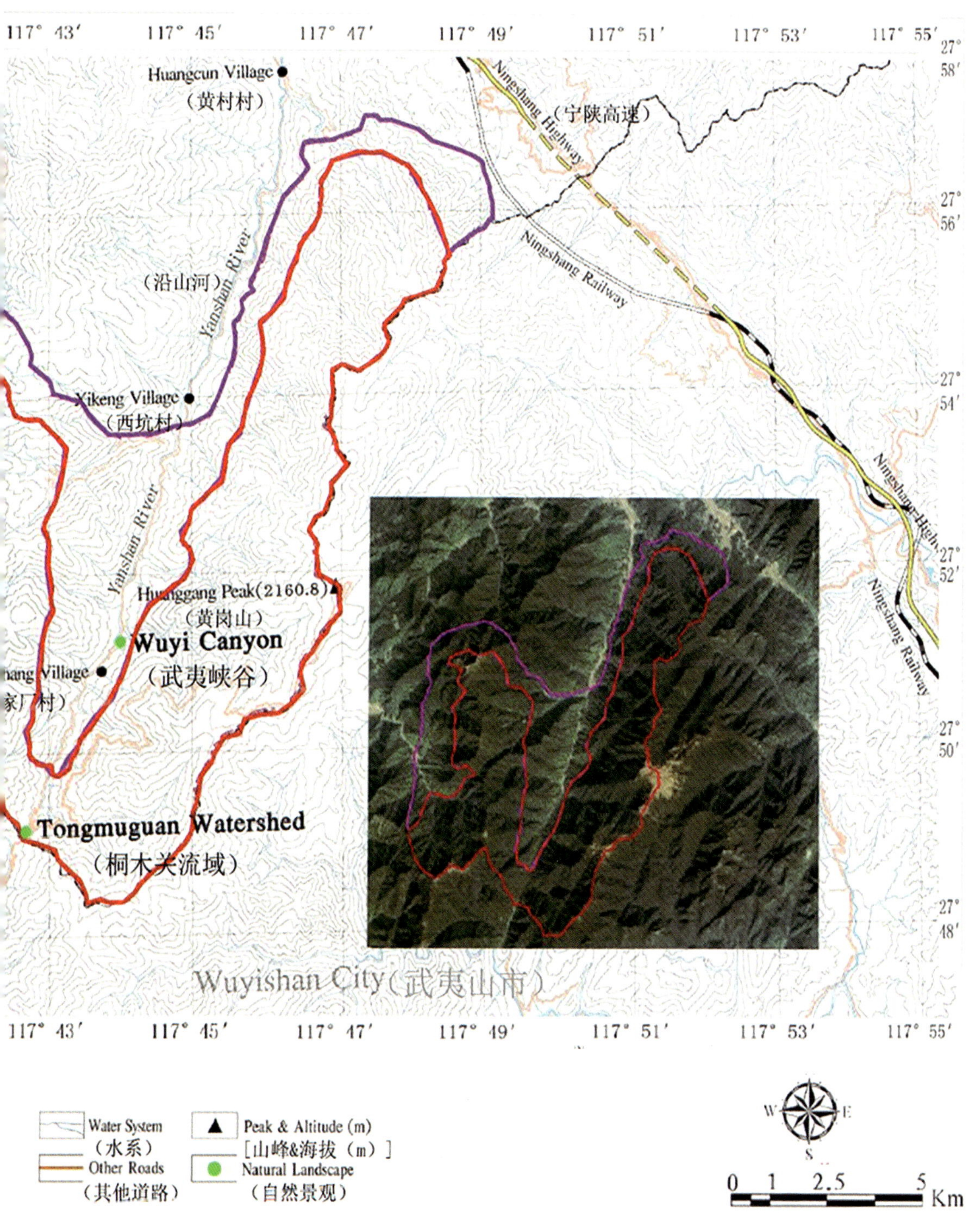

117° 43′
117° 45′
117° 47′
117° 49′
117° 51′
117° 53′
117° 55′
27° 58′
27° 56′
27° 54′
27° 52′
27° 50′
27° 48′
Huangcun Village
（黄村村）
Ningshang Highway
（宁陕高速）
Ningshang Railway
Yanshan River
（沿山河）
Xikeng Village
（西坑村）
Yanshan River
Huanggang Peak(2160.8)
（黄岗山）
Wuyi Canyon
（武夷峡谷）
Tongmuguan Watershed
（桐木关流域）
Wuyishan City（武夷山市）
Water System
（水系）
Other Roads
（其他道路）
Peak & Altitude (m)
［山峰&海拔（m）］
Natural Landscape
（自然景观）
W
E
S
0 1 2.5 5 Km

第二节　延续不断的保护

从古至今，武夷山保护一脉相承，延续不断。古代朝廷封祀列碑、民间禁捕禁伐；近代实施自然保护区抢救性保护；当代不断健全与完善的国家公园体制，进一步有效保护武夷山世界文化和自然遗产。如今，武夷山已经成为人与自然和谐相处的典范。武夷山的可持续发展，得益于历代的严格保护和社区居民的共同参与。

一、从古至今

（一）保护溯源

自古以来，武夷山水即享誉东南。传说中，汉武帝曾派遣使者献干鱼祭祀武夷君。晋朝文学家郭璞游山后所题诗句，被后人镌刻在九曲礁石上，称为题谶石。南朝顾野王登临时赞美此山“千崖竞秀，万壑争流”。而江淹的“碧水丹山”更是千年以来武夷山水的代名词。武夷山有文字记载的官方保护管理始于8世纪中叶。唐天宝七载（748），唐玄宗李隆基册封天下名山大川，武夷山跻身其中，朝廷遣登仕郎颜行之到武夷山发布敕令并立碑。之后的南唐元宗李璟派人入山封祭武夷君，建造“会仙观”和“天宝殿”（武夷宫前身），列碑立禁，禁止在武夷山采樵捕鱼（图8-13、图8-14）。禁区自武夷宫到九曲溪上游的曹墩村。宋朝从1121年开始，至南宋末年，长期派遣官员至武夷山“冲佑观”任主管、提举，其中包括朱熹、陆游、辛弃疾等著名诗人与学者，为保护和管理武夷山，作出了重要贡献。元成宗大德五年（1301）至明嘉靖年间（1522—1566），朝廷于武夷山九曲溪南建御茶园，派邵武路总管久驻，负责管理武夷山及督造贡茶。

近代以来，在延续严格保护的理念下，越来越多的学者也加入武夷山保护的队伍中，并开展了相关科学研究。从19世纪起，各国的动、植物学家在武夷山采集到动植物新种（包括新亚种）的模式标本近1000种。值得一提的是，1945年以来，我国植物

图 8-13　禁伐碑（林宇提供）

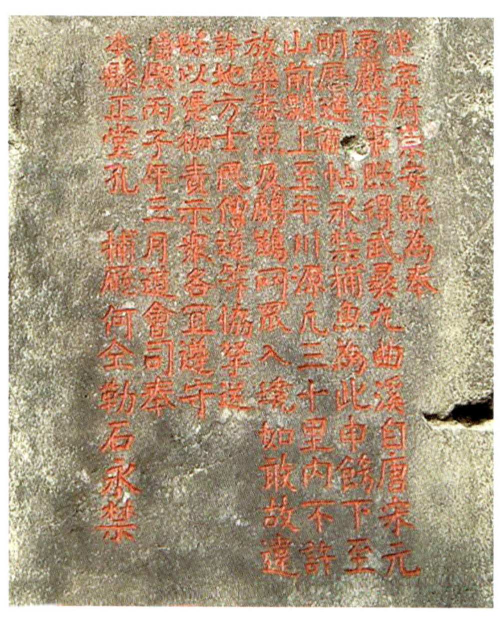

图 8-14　禁渔碑（武夷山国家公园管理局提供）

学界的老前辈秦仁昌教授等多次到过武夷山，先后发现了34个植物新种及变种，为武夷山的植物研究作出重要贡献。

然而，20世纪五六十年代，武夷山林地曾被大量采伐，森林生态系统遭到严重破坏，动植物栖息地退化严重，一座举世瞩目的生物宝库面临严重威胁，引发了对其抢救性保护。

1978年秋，在福建省召开的科学大会上，我国著名昆虫学家赵修复教授建议中央和省里有关部门采取紧急措施，建立武夷山自然保护区以保护该区域里弥足珍贵的动植物资源，为子孙后代造福。

《光明日报》驻福建记者白京兆警觉地意识到了赵修复教授呼吁的重要性，在第一时间采访赵教授并写成《福建农学院教授赵修复紧急呼吁保护名闻世界的崇安县生物资源》的内参，刊登在1978年11月21日《光明日报》社编印的《情况反映》上。次日，邓小平即在内参上写下了“请福建省委采取有力措施”的重要批示。福建省委认真落实批示，要求有关部门完成对武夷山的实地考察、规划等工作，为武夷山自然保护区的设立提供重要保障。

1979年4月，福建武夷山自然保护区正式成立，成为我国首批国家级自然保护区之一。武夷山自然保护区的设立，使其重要生态空间得到有效保护。1987年9月，联合国教科文组织《人与生物圈计划》的国际协调理事会认为武夷山具有优越的天然条件和极高的科研价值，是人类的珍贵财富，决定将其纳入世界生物圈保护区（图8-15）。这些强有力的保护行动为武夷山于1999年12月被列入世界遗产奠定了坚实的基础，具有举世瞩目的重要意义。

联合国教育、科学及文化组织

MaB

人和生物圈计划

根据人和生物圈计划国际协调
理事会授权其主席团所作之决定
特此证明

福建武夷山自然保护区
（中华人民共和国）

为国际生物圈保留地网之组成部分。此国际网由代表世界诸类主要生态系统之保护区所组成，致力于为人类服务之自然保护和科学研究；亦系为测量人类对其环境之影响规定之标准。

阿马杜—马赫塔尔·姆博
教科文组织总干事

日期 1987年9月7日

8-15 武夷山自然保护区列入世界生物圈保护区（武夷山国家公园管理局提供）

（二）建章立制

当前，武夷山既是世界生物圈保护区，又是世界双遗产地。国际公约、国家法律法规以及法定性规划都为其提供全方位保护。

武夷山遵循的国际公约主要包括《保护世界文化和自然遗产公约》（1972）和《生物多样性公约》（1992）等。遵循的国家法律法规，主要是我国先后颁布了一系列自然生态资源及环境保护方面的法规，如《中华人民共和国环境保护法》（2015年修订）、《风景名胜区条例》（2016年修订）、《中华人民共和国自然保护区条例》等。此外，我国相关部委还出台了相应的规章与文件，《世界文化遗产保护管理办法》（2006年）、《世界自然遗产、自然与文化双遗产申报和保护管理办法》（2015年颁布试行）等，这些国际公约与国内法律法规，共同构成了武夷山依法建设管理的框架。

同时，为了更有效地实施武夷山保护计划，福建省还专门出台了多部针对武夷山的地方法规及条例，例如福建省人大颁布的《福建省武夷山世界文化与自然遗产保护条例》(2002年)、《武夷山国家公园条例(试行)》(2017年)等。

根据相关部门要求，武夷山分别编制《武夷山国家级自然保护区总体规划》《武夷山国家级风景名胜区总体规划》和《武夷山城村汉城遗址总体保护规划》等规划。2016年武夷山国家公园试点设立后，编制了《武夷山国家公园体制试点区试点实施方案》和《武夷山国家公园总体规划及专项规划(2017—2025年)》。这些法定性规划对武夷山世界文化与自然遗产的保护起到了重要作用。

二、和谐共处

(一)社区共管

千载儒释道，万古山水茶。这句话生动地诠释了武夷山自然生态和人文生态相依相存相辅的密切关系，武夷山已经成为人与自然和谐相处的典范(图8-16)。

武夷山世界文化和自然遗产地人口结构稳定，各社区以当地原住民为主，千百年来在生活习俗、宗族关系上存在自然延续和密切关联。茶产业是武夷山重要的经济支柱，而茶文化也是武夷山最具特色的文化形态，围绕着武夷茶的一系列经济和文化活动，是践行武夷山保护和社区可持续发展的重要保障。

武夷山管理部门注重创新社区产业引导机制，探索社区发展新模式，促进社区可持续发展。首先，规范社区居民茶产业发展，严格控制茶园面积，不再开垦新的茶

图 8-16 桐木村(摄影：刘达友)

园，对违规开垦的茶园实行“退茶还林”，对保留的茶园进行“头戴帽、脚穿鞋、腰绑带”生态改造和生态恢复。其次，引导社区产业多元化、生态化。依托武夷山丰富的文化和自然资源，形成解决社区居民就业、保障居民收入的主导产业，设计民俗体验、生态体验、茶文化体验、理学文化研学、竹筏导览服务（图8-17）、高校社会实践基地等特色活动，促进武夷山旅游产业的可持续发展，逐步实现武夷山世界遗产地的产业转型升级。最后，为社区居民提供多产业就业保障，包括为社区居民提供免费就业培训和就业机会；为社区居民开展旅游服务与文化展示等经营项目；为社区居民提供创业辅导、生态友好产品与文化创意发展等技术支持，扶持社区发展；指导当地社区居民参与特色经营项目。

武夷山管理部门在创新社区产业引导机制的基础上，同步建立了社区利益协调机制。武夷山管理部门强调做好社区居民就业、遗产地管理、遗产地协作保护等方面工作，促进社区居民参与遗产地的保护与发展工作，定期召开座谈及沟通会议，将社区居民纳入听证、征求意见等参与机制之中。武夷山管理部门制定了补偿政策，用于补偿利益受损社区，通过引导社区居民参与遗产地的保护传承、旅游服务、解说教育等，使社区居民广泛地参与到遗产地的保护与管理工作中。据不完全统计，武夷山直接从事导游、竹筏工、环卫工、绿地管护员等居民有1600多人。武夷山通过共享旅游发展收益，有效解决了其发展瓶颈和生态资源管控难点，也有效解决了当地居民的就业增收问题，实现了武夷山和社区的和谐发展。

图 8-17　九曲溪竹筏漂流（摄影：黄海）

（二）科学利用

武夷山世界文化和自然遗产地是属于全世界和全人类的，武夷山的价值需要保护和研究，武夷山的美和文化需要展示和传承。

1.全面展示

在确保文化和自然遗产突出普遍价值的真实性、完整性的前提下，武夷山以生动、多样的方式和手段，全面、准确、深入地阐释遗产价值，展示遗产地历史信息与文化内涵，宣传自然美景与生物多样性的保护意义，促进人们对武夷山文化遗产的认知与尊重，激发人们对武夷山自然遗产的欣赏与敬畏。

在空间上，武夷山世界文化和自然遗产地形成了“一轴四区”的展示格局：即“文化和自然遗产展示轴”，以九曲溪为纽带，以上下游及沿线的自然与文化遗产为载体，形成贯通遗产地的展示轴线；“生物多样性科普区”，是遗产地重要动植物资源分布区域，是中国生物多样性保护的关键区域；“生态旅游发展区”则具有多元化的生态景观元素，整合散布的旅游资源，联动周边村落，开展科普展示活动；“文化和自然遗产展示区”，位于遗产地东部风景名胜区内，通过对古闽族文化、朱子理学文化、宗教文化、茶文化及九曲溪沿岸的丹霞美景的全面展示，结合武夷宫、宋街、博物馆等文化设施（图8-18），形成武夷山文化遗产与自然美景展示的核心区；“闽越文化展示区”依托城村及汉城遗址，建立以汉城遗址为核心，综合闽越王城博物馆、城

图 8-18　武夷山自然博物馆（摄影：黄海）

村历史村落等要素，形成以闽越文化为主题的价值阐释与文化展示空间，突出武夷山作为闽越王城所在地的历史地位。

2.自然教育

武夷山丰富而独特的资源环境无疑是开展自然教育的绝佳场所，是开展自然教育的大课堂。武夷山通过博物馆和综合科普研究中心建设，借助夏令营、研学旅行等活动，将自然教育了解自然、尊重自然、实现人与自然和谐发展的理念融入其中，引导公众参与，让公众了解、关注和保护武夷山，提升全民生态保护意识，使其成为自然教育与自然体验的示范基地（图8-19）。

图 8-19 武夷山国家公园自然教育活动（摄影：黄海）

武夷山在自然教育内容上，为游客提供诸如世界遗产的概况、资源情况解说、野生动植物资源和生态系统解说、公共服务设施的方位和距离、道路及方向、地区地点、警示警告、管理设施定位和导向等信息服务，涵盖了形象标识、管理型标识和解说型标识。在自然教育形式上，为游客提供武夷山信息服务的折页、解说手册、户外导览手册、小地图等，适时加入世界遗产相关资源、文化知识、环保小贴士、温馨提示等信息，策划发行武夷山世界遗产宣传画册、教育读本、主题日历、明信片、邮票等物品作为传递世界遗产生态文化知识的信息载体。通过武夷山世界遗产和国家公园网站、微信公众号、手机客户端等，发布武夷山世界遗产形象宣传片、微电影、纪录片等，丰富世界遗产教育体验解说方式。

武夷山自然教育也对其自然生态保护工作起到良好的推动作用。自然教育促进了解，了解产生尊重，尊重引发保护。通过自然教育，公众将更好地了解武夷山的生态环境现状，认识环境保护对于人类文明可持续发展的重要意义，从而从根本上提升民众，尤其是下一代的环境保护意识，对于未来的影响十分深远。

3. 多样研究

在遗产科学研究方面，武夷山主要依靠考古、试验等手段，在古闽族起源、发展、迁徙及其对地区乃至世界文化的影响等方面取得了丰硕的成果。关于朱子理学产生历史背景与产生过程的研究，揭示了武夷山人文和自然环境与朱子理学萌芽的关联性，体现了朱子理学的核心思想对世界政治、哲学的影响。通过地质调查、环境资源调查、生物多样性普查等开展了武夷山丹霞地貌和森林生态系统、珍稀及濒危物种等生物学与生态学基础研究。

武夷山管理部门还与福建农林大学、厦门大学、武夷学院及国内其他高校在动植物、生态、文化、历史、艺术、考古、文物保护技术等方面组建联合科研队伍，设立针对世界遗产保护、管理、监测研究等科研课题，定期举办学术研讨会，出版学术研究成果。2020年7月16日，武夷山国家公园管理局和福建农林大学共同成立的武夷山国家公园研究院，开启了武夷山国家公园产学研合作协同发展的新局面。武夷山国家公园研究院成立有助于进一步强化武夷山国家公园科学研究，摸清国家公园生物多样性资源状况，传播国家公园理念，促进高质量科研成果产出，全方位展示武夷山生态系统的原真性、完整性，推动武夷山国家公园向更高层次、更高水平发展，为福建省生态文明建设发挥积极作用。

第三节　国际交流合作

随着武夷山被列为世界文化和自然遗产，其国际影响力与日俱增，国际交流更加频繁，交流内容更加丰富，包括学术交流、旅游合作、游学互访等，武夷山已成为一个世界了解中国的重要窗口。

一、学术交流

随着申遗成功，武夷山国际影响力与日俱增，学术交流更加频繁，英国、美国、日本、韩国、俄罗斯、泰国、瑞士、澳大利亚等国以及国际组织多次组织专家赴武夷山开展学术交流合作和科研考察，与武夷山建立了友好关系、签署了多项合作协议。武夷山也积极派人员参加国际学术研讨交流活动，加强与联合国教科文组织（UNESCO）、世界人与生物圈委员会（MAB）、世界自然基金会（WWF）、全球环境基金（GEF）等国际组织以及从事自然保护研究的国外著名专家、学者的联系合作，扩大了武夷山在国际上的生态地位和影响力。

1992年11月20日至29日，世界银行官员苏珊女士和高级专家施格托、麦克考密克博士率领的世界银行GEF项目准备组一行6人，在林业部有关专家的陪同下，来闽考察生物多样性保护工作，同福建专家一道收集分析同GEF项目有关的准备情况及资料，并重点考察武夷山自然保护区及毗邻地区。武夷山通过引进GEF中国自然保护区管理项目，争取国外先进技术、设备以及资金援助，选派优秀管理及科研人员出国培训，有力促进了自然保护事业的发展。

2012年10月16日，韩国国学振兴院金钟锡、李相虎，首尔大学奎章阁朴贤淳，庆北大学郑在熏教授一行到武夷山武夷精舍考察指导，详细了解了武夷精舍的历史沿革及朱熹在此著述讲学、建立起完整的理学思想体系的情况。武夷山与朱子理学有着不可分割的联系。朱子理学在武夷山孕育、形成、发展。朱熹及其门人、后人在武夷山的活动，为武夷山留下极其珍贵的文化遗存，如书院遗址、富有哲理的题刻等。这些文化遗存，对研究朱子理学和儒学的兴衰演变以及中国哲学思想史都是非常珍贵的，是中国传统文化的瑰宝。此次中韩两国专家学者相聚武夷山对武夷精舍及书院文化进行深入研究，对更好地保护和传承珍贵的文化遗产意义深远。

2016年2月25日，中国武夷山风景名胜区管理委员会与美国火山口湖国家公园在东方书院签订建立友好关系协议书（图8-20）。根据协议，双方将共同增进人员往

图8-20　武夷山与美国火山口湖国家公园签订建立友好关系协议书（武夷山国家公园管理局提供）

来，并在环境保护、生态和资源保护、紧急救援、规划建设、游客服务、青年教育、科学知识普及等领域开展交流与合作，以共同提高管理和保护水平，实现双方的可持续、稳定发展。

2019年4月16日，俄罗斯卡累利阿共和国基日自然保护区博物馆图片展开幕式在武夷山景区南入口举行，标志着基日博物馆代表团对武夷山世界遗产地开展为期5天的访问活动正式启动。基日博物馆代表团有关人员详细介绍世界遗产地“基日岛”以及俄罗斯北部的木结构建筑、基日博物馆收藏的木建筑纪念碑、基日博物馆世界遗产地保护情况，武夷山景区旅游管理服务中心有关人员介绍了武夷山基本情况，交流了旅游管理、世界遗产地保护、世遗监测以及社区生态搬迁、产业发展情况。

以上只是武夷山部分学术交流的缩影，武夷山通过频繁的国际学术交流，产生了积极效应：在生态环境保护方面，推动了人与自然和谐共存，武夷山与村民和谐发展，有效地保护了武夷山自然生态资源；在宣扬武夷文化方面，主要是保护、传承、弘扬以朱子理学为重点的中华传统文化，对影响整个东亚政治文化格局的中国后孔子主义者——朱熹及其理学文化进行了深入的研究和国际交流。

二、旅游合作

除了与国际组织和各国专家之间的学术交流外，武夷山还积极与世界各国政府、民间团体、商业机构等开展商业贸易和旅游合作。

据美国威廉·乌克斯《茶叶全书》记载：1607年，荷兰东印度公司首次从中国澳门运输茶叶销往欧洲，起初是日本绿茶，但很快就改销中国武夷茶。不久，英国人也到福建厦门采购武夷茶。武夷茶备受英国上流社会欢迎，饮茶成为一种社会时尚。现代以来，武夷山在继续开展茶商品贸易合作的基础上，积极开展旅游等方面的合作交流。

2013年11月20—22日，韩国5大旅行商HOTEL ENJOY、TOUR ENJOY、TOUR MALL、SEJOONG TOUR、FREE TOUR一行14人在福建省南平市、武夷山市旅游局及武夷山景区有关人员的陪同下对武夷山景区进行了考察踩线。武夷山优美的自然景观、深厚的文化积淀以及便捷的交通条件，尤其是“印象大红袍山水”

实景演出给韩国旅行商一行留下了极为深刻的印象，他们表示将全力推动尽早开通首尔—上海—武夷山或首尔—厦门—武夷山包机航线，让更多的韩国游客前来武夷山观光旅游、休闲度假。

2019年7月17—21日，应俄罗斯卡累利阿共和国文化部邀请，福建省林业局组织出访小组，赴俄罗斯开展茶文化交流活动。武夷山代表团在彼得罗扎沃茨克茶博会的茶艺展示上，进行了为期一天的武夷岩茶、红茶茶艺演出（图8-21），轮番表演深受俄罗斯民众欢迎。茶博会期间，俄方组织还召开了茶叶贸易座谈会，卡累利阿经济部长与武夷山代表团企业家商讨了合作事宜，双方就将武夷茶引进卡累利阿、圣彼得堡、莫斯科等地达成一致意见，双方将致力于销售广大俄罗斯民众喝得起、健康的武

图8-21 武夷山国家公园管理局赴俄罗斯开展茶文化交流活动（武夷山国家公园管理局提供）

夷茶。座谈会期间，卡方当地的茶商引进武夷茶愿望强烈，当即与代表团茶企进行了对接，与代表团3家茶企达成合作意向，并就茶叶贸易方式、产品价位、股份构成等进行了深度磋商。

以上合作是武夷山目前部分商业旅游合作的典型代表。武夷山通过这些商业旅游合作项目，进一步扩大了知名度和影响力，必将推动世界文化和自然遗产的有效保护和品牌宣传。

三、游学互访

武夷山优美的生态环境和深厚的文化底蕴吸引了世界各国青年前来游学访问。特别是2018年10月以来，南平市外事办已先后在武夷山接待了中马、中菲、中印尼青年互访交流游学代表团累计约180人次。武夷山已经成为马来西亚、菲律宾、印度尼西亚等海上丝绸之路沿线国家青年到中国游学的新目的地。

2016年12月4—8日，南平市友好城市——澳大利亚奥尔伯里市友好学校师生代表团一行26人来访我市开展友好交流活动（图8-22），活动过程中，参观访问了武夷山世界文化和自然遗产地旅游资源。南平市与澳大利亚奥尔伯里市在2003年结为友好城市。13年来，两市在教育、文化、卫生医疗、林业、畜牧业等多领域开展了富有成效的交流活动。

2018年5月16—20日，加拿大哥伦比亚大学（UBC）林学院副院长王光玉博士带领UBC及南京林业大学国教院师生来到武夷山国家公园开展考察和学术交流活动。考察团一行包含14名UBC国际学生、4名福建农林学生及1名留学生、5名教师共24人，分别赴武夷山自然保护区及景区进行了实地考察与交流。

2019年3月28—30日，由中国驻印尼大使馆、福建省外事办联合举办的“第三届中印尼青年互访交流游学活动”走进武夷山。其间，印尼和福建省青年官员、大学生代表、媒体代表组成的联合代表团共58人实地考察了武夷山风景名胜区和武夷星茶业公司，并观看了“印象大红袍山水”实景演出。武夷山优美的生态环境和深厚的文化底蕴让中印尼两国青年兴奋不已。他们一边游览武夷山水画廊，一边拍摄美丽的瞬间，徜徉其中，流连忘返。印尼卡查玛达大学社会政治科学院副院长瓦完·马苏迪在游览武夷山后表示，武夷山丰富的自然资源和深厚的人文遗产让他印象深刻，回国后将为南平市与印尼的城市发展友好关系建立更多的渠道，并希望今后有机会能带家人一起再来。

武夷山通过以上青年游学交流，增进了各国青年之间的相互了解和友谊，深化了中国与世界各国的友好交流与合作，进一步扩大了武夷山在“一带一路”海上丝绸之路沿线国家的影响力。

图 8-22　澳大利亚奥尔伯里市友好学校师生代表团在武夷宫景区合影（武夷山国家公园管理局提供）

第九章　国家公园　新态新篇

武夷山在获得世界双世遗荣誉后，为进一步保护武夷山世界文化和自然遗产，筑牢我国东南生态安全屏障，2016年启动了武夷山国家公园体制试点工作。当前，“武夷山样本”日臻成熟，武夷山将再启新征程，擘画双世遗保护的新篇章（图9-1）。

图 9-1　武夷山国家公园（摄影：黄海）

第一节 谱写新篇章

近年来，武夷山率先在全国开展生态系统价值核算试点，推动国家公园体制试点建设，筑牢我国东南生态安全屏障、物种资源库和历史文化根基，将武夷山世界文化和自然双遗产品牌擦拭得更加闪亮。

一、建设

建设国家公园是习近平总书记提出并倡导的对文化和自然加以保护的新模式，是文化和自然遗产的重要保护手段和载体。2013年，中共十八届三中全会召开前的相关调研中，经过激烈的争论，“国家公园”这个概念脱颖而出，并成为十八届三中全会提出的生态文明建设重点改革任务之一。2015年，国家发展改革委等13个部门联合启动了国家公园试点工作，印发《建立国家公园体制试点方案》，确定了9个国家公园体制试点省（市），具有“国家代表性和典型性”的武夷山毫无意外地被选中，被列为全国首批9个试点区之一。2016年6月，国家发展改革委批复《武夷山国家公园体制试点区试点实施方案》，武夷山国家公园体制试点正式启动实施，开启了人与自然和谐共生的新时代生态文明探索实践，为双世遗地增添更多亮色。

事实上，在开展国家公园体制试点前，武夷山已有国家级自然保护区、国家级风景名胜区、国家森林公园等5个头衔，它们相互交叉重叠，分属不同管理部门，一座山有林业部、住建部、文化部等多个部门同时管理，未建立统一有效的保护体系，导致“九龙治水”的局面。武夷山国家公园体制试点整合了福建武夷山国家级自然保护区、武夷山国家级风景名胜区、九曲溪倒刺鲃水产种质资源保护区等5类保护地，有效解决了交叉重叠问题。2017年，武夷山国家公园管理局挂牌成立，由省政府垂直管理，原保护区管理局、景区管委会等机构不再保留。随后，《武夷山国家公园条例（试行）》《武夷山国家公园总体规划》及5个专项规划、11项管理制度、12个规范标准相继出台。从此，武夷山生态保护告别“九龙治水”的局面，迎来了国家公园时代（图9-2）。

2019年12月，国家林业和草原局（国家公园管理局）组织开展了国家公园体制试点中期评估工作，武夷山国家公园体制试点评估总分位列全国第四，在国家发展改革委批复的5个国家公园体制试点中位列第一。2020年9月，国家公园体制试点评估验收组综合考虑自然禀赋水平和试点工作进展情况后，建议将武夷山国家公园试点区优先纳入首批设立国家公园名录。

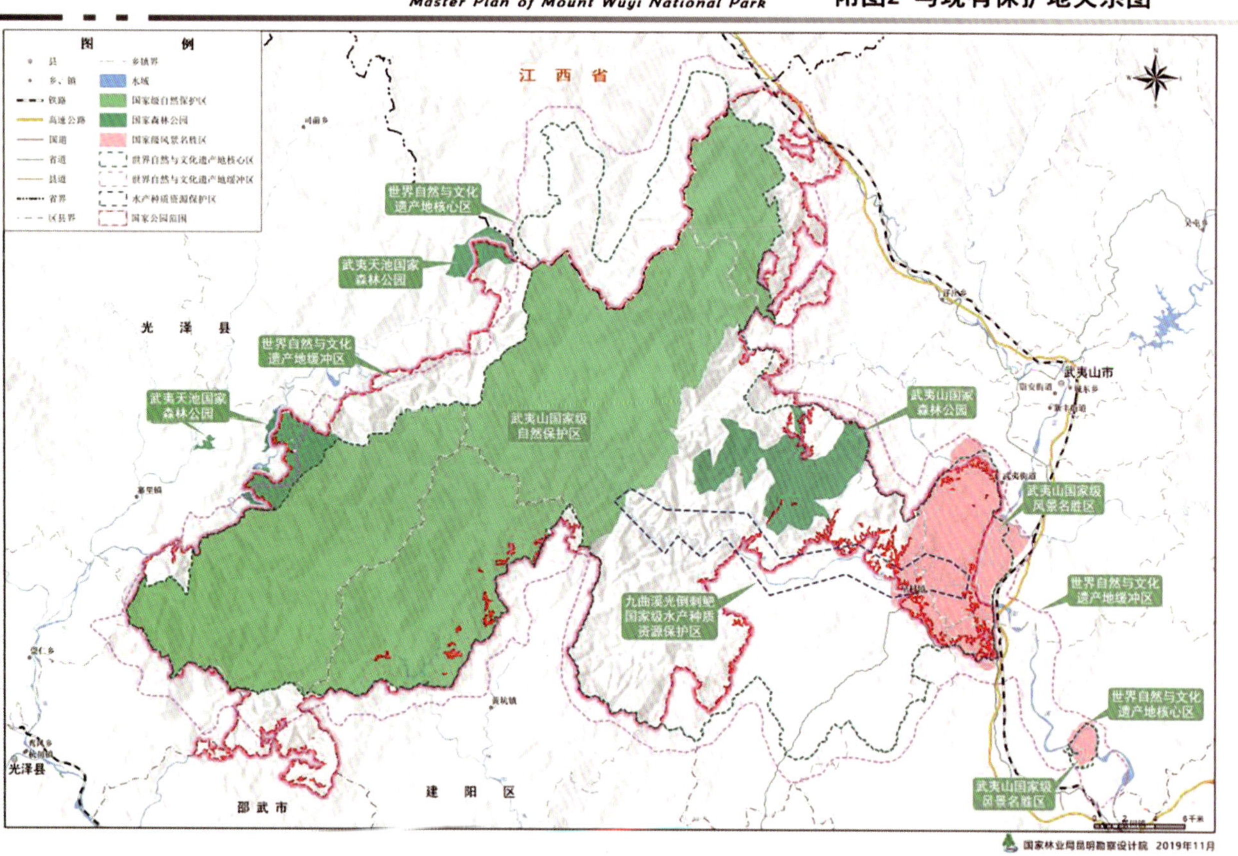

图9-2 武夷山国家公园与现有保护地关系图（武夷山国家公园管理局提供）

二、创新

建设武夷山国家公园是践行习近平生态文明思想的重要举措，对保护武夷山生物多样性，传承世界文化和自然遗产，实现人与自然和谐共生，具有重要标杆意义。要建设好国家公园，如何实现共商、共建、共治、共享是摆在面前的一道难题，武夷山交出了一份漂亮的答卷。

武夷山国家公园是我国唯一一个既是世界人与生物圈保护区，又是世界文化和自然双遗产的保护地（图9-3）。依托宝贵的自然之景和文化之源，武夷山国家公园践行“绿水青山就是金山银山”理念，实行最严格的生态保护措施，探索建立统一、高效的国家公园体制。经过政府及当地人民4年多的努力，圆满完成各项试点任务，在维护自然生态系统完整性、文化遗产多样性等方面取得了阶段性成效，民生改善效果明显，社会效益充分彰显。

图 9-3 武夷山国家公园（摄影：黄海）

(一) 绿色生态

国家公园体制试点建设以前，原科研机构每年要对大气、土壤等各项生态因子进行监测，但未形成系统的数据库。武夷山国家公园重点推进智慧管理中心的建设，其可谓是武夷山国家公园的智慧大脑，通过墙壁上的一块大屏幕便可对国家公园开展全方位、全天候监测和服务，公园中的空气质量、水质等各项指数一目了然，实现了“天地空”一体化监测，数据统一集中管理，实现了公园管理智慧化、信息化建设，为武夷山生态保护打造了无远弗届的“慧眼”，筑牢了生态保护“根基”（图9-4）。

图 9-4　武夷山国家公园智慧管理中心（武夷山国家公园科研监测中心提供）

智慧管理模式有助于生态管护，过去巡山护林全靠人工，走没走、走了多远，都不清楚，发现问题不能及时反馈，难以保障巡护质量。2017年起，武夷山国家公园管理部门采用卫星、无人机等技术手段，利用“巡检平台”和无人机巡护系统，通过远程视频系统，管理人员能实时掌握巡护信息，并结合地面人员高密度巡护等方式，进行保护和管理。武夷山国家公园也将部分区域的生态资源管护委托第三方，引进社会服务，充实巡护队伍。当地执法队员们每天早出晚归，走近20千米的山路进行巡护（图9-5），武夷山国家公园（星村管理站管辖的）400平方千米的山林里，每一处都留下了他们的脚印，做到了巡护山林不留盲区。同时，在重点区域增设无人机巡护系统，形成“天罗地网”，全天候无死角地保护武夷山国家公园的生态资源。

武夷山国家公园也与国内外多所高校、科研院所签订战略合作协议，共同开展生态要素监测和课题研究，提升科技建园水平。武夷山境内大小河流星罗棋布，其中最著名、最具魅力的当属九曲溪。乘竹筏，游九曲，是武夷山之旅中最精彩的节目。为切实保护好九曲溪生态系统，武夷山国家公园联合有关科研机构开展九曲溪水质、上游流量、水体微生物等监测研究，整治九曲溪流域，让九曲溪水绿如蓝。武

图9-5 武夷山国家公园执法人员巡山（摄影：黄海）

夷山国家公园已启动了为期三年的生物资源本底调查，对这里的生物进行普查；与福建农林大学开展兰科植物资源专项调查，全面摸清武夷山国家公园的兰科植物资源。近年来，不断有生物学家在这里发现生物新物种，如武夷凤仙花、武夷山对叶兰、雨神角蟾等。今天的武夷山国家公园森林覆盖率达到96.72%，空气、土壤、水、负氧离子等指数都达到国家一类水平。

（二）历史传承

武夷山国家公园内拥有保存良好的宗教寺庙、摩崖石刻以及影响深远的朱子理学文化、茶文化和宗教文化等，人文景观和历史文化遗存积淀深厚。武夷山国家公园高度重视文化遗产保护，出台了《武夷山国家公园文化遗产资源保护和利用暂行规定》等文件，完成了世界文化遗产核心区界碑、界桩的设立。近年来，相关管理部门多次对武夷精舍等朱子遗存进行修缮修复；定期对摩崖石刻描红增色（图9-6），并对其周边进行除藓、开凿边沟、导流雨水等保护修复工作；整理和明确了闽族越文化、朱子理学文化、宗教文化、茶文化、红色文化等文化载体，推动源文化的溯源研究。

图 9-6　工作人员对摩崖石刻描红增色（摄影：章希密）

与此同时，武夷山还十分注重文化的传承，打造文化传播阵地。印象大红袍山水实景演出已持续12年之久，演出以武夷山双遗产地为地域背景，以武夷山茶文化为表现主题，向世界各地观众再现了武夷自然与文化的交融场景。端坐在山水间，观看一场印象大红袍山水实景演出（图9-7），带你穿越回五百年前的武夷山，借茶说山、说文化、说生活，好一幅人与自然和谐共生的美妙场景。

武夷山国家公园通过各种主题宣传活动，向人们充分展示了武夷山丰富的文化遗产、自然遗产和非遗项目，受到人们深深的喜爱。与此同时，各种保护措施也让武夷山的人文景观和历史文化遗存得以更好地保存下来。

图 9-7 印象大红袍山水实景演出（摄影：衷柏夷）

三、共赢

(一) 发展

"生态兴则文明兴"，在推进文化遗产保护的同时，要加大对自然遗产保护力度。国家公园成立后，原来的保护区成为武夷山国家公园的核心保护区，其范围内不能再有任何生产经营活动，而包括红星村在内的29个行政村划入了国家公园一般控制区，3000多名原住民成了住在国家公园里的人。在这里，靠山吃山、靠水吃水是村民们辈辈传承的生活方式，保护与发展的矛盾，首先体现在被封印的"绿色资产"，而要保住这里的原生态，人们的生产、生活方式就要相应调整。武夷山国家公园积极探索当地居民与自然环境和谐共处、共同发展的保护方案，先后出台生态补偿机制，涵盖生态公益林保护补偿、天然商品乔木林停伐管护补助等11项生态补偿内容，已经成为实现"社会得绿，林农得利"的有效路径。其中，针对毛竹林实施的地域权管理，是武夷山国家公园的首创，而地处核心区域的黄坑镇坳头村成为"首吃螃蟹者"，核心区域内的竹林是当地竹农重要的收入来源，国家公园管理局便与村集体商议实行了地域权管理，国家赎买了管理权和经营权，林权仍归属于村民，补偿村民应得的收入，公园与村民双方得益。同时，国家公园管理局组织科技下乡，引导竹农在现有规模下开展毛竹丰产培育，建立毛竹丰产培育示范基地2137亩，大力推广林蜂、林药、林菌等特色林下种（养）业，拓宽了村民的增收渠道。

自试点实施以来，武夷山通过打造生态茶产业、生态旅游业、林下经济等富民产业，探索绿水青山变为金山银山的有效途径，形成了"10%面积的生态产业发展，换取90%面积的生物多样性保护"的管理模式，促进生态保护与社区经济协调发展。武夷山产业离不开茶，武夷岩茶、"大红袍"等响当当的词语是当地茶产业地位的象征。茶园在碧水丹山传承了几百年，也是武夷山自然和文化景观中不可或缺的一部分。但为了保持生态系统的原真性和完整性，武夷山国家公园范围内的茶园开垦全面禁止，但这并不意味着将茶农们拒之门外。武夷山国家公园管理局对接福建农林大学，请专家教授出谋划策，在茶园里种植山樱花、罗汉松等珍稀物种，满足观赏性的同时又可以减少水土流失，提高茶叶的质量，并积极宣传"茶—林""茶—草"等生态茶园模式。科技特派员、福建农林大学廖红教授在燕子窠生态茶园的土壤改良示范区中，茶园套种大豆和油菜的实验取得成功，实现了茶园创新、科学种茶的新途径，在茶农中引起轰动。这种“头戴帽、腰系带、脚穿鞋、远离化肥农药、施用有机肥”的生态茶园，不仅没有新增一亩茶园，而且集中整治恢复了5000多亩违规违法开垦的茶山[图9-8(a)(b)]，并且还提高了茶产业的效益，实现了生态保护和社区利益的双赢，传统老茶乡飘出了生态新茶香，使得人民领会到朱子文化中“天地万物一理”的要义。如今，原来违规开垦的山头“斑秃”复绿，当地人将人工种植的树木称为“人工复绿”，自然生长的草木称为“自然复绿”，溪水复流，形成了一片片水土保持林，自然景观再现生机（图9-9）。

◤ 图 9-8（a）
对非法垒墙筑台种茶行为集中整治
（武夷山国家公园管理局提供）

◣ 图 9-8（b）
经生态整治后，违规开垦的山头复绿
（武夷山国家公园管理局提供）

图 9-9 武夷山生态茶园（摄影：黄海）

武夷山国家公园建立社区参与决策、参与经营、参与监督、参与服务机制等互促共赢的保护与发展新机制，设置公益岗位增加工资性收入、公开择优招聘生态管护员、哨卡工作人员，以特许经营方式招聘竹筏工、观光车驾驶员等，将地方力量纳入国家公园队伍。武夷山国家公园涉及的6个主要乡镇已分别设立管理站，站长由乡镇长兼任，负责协调、调动所在乡镇力量，这个新头衔让村民产生了“我也是国家公园人”的身份认同，他们定期与国家公园召开联席会议，联动开展毁林种茶、两违执法等，解决了国家公园管理中的“腿短问题”。武夷山国家公园还主动对接武夷山全域旅游，利用九曲溪上游生态漂流、十八寨等旅游资源，引导村民发展森林人家、民宿，大力发展乡村旅游、生态观光游和茶旅慢游，增加辖区村民的收入。在以前村民的观念中，耕地、种植茶树就是他们最大的生计，而如今，当再有人毁林开荒、破坏植被，村民或许第一个不答应，因为他们已经从“山里人”变成了“公园人”，保护生物多样性已成为武夷山国家公园及其周边群众的自觉行为，村民也已成为武夷山生物多样性的保护者，老百姓的心态已开始从“要我保护”向“我要保护”转变。

（二）保护

一座山，两个省。为更好地保护武夷山生态系统完整性与文化遗产的延续性，闽赣两省积极探索跨区域保护的有效途径，联合成立了“武夷山国家公园和江西武夷山国家级自然保护区闽赣两省联合保护委员会”，形成资源管护的合力，加强各类资源、人文资源和生态环境的科学保护与合理利用。同时，武夷山国家公园管理局与江西武夷山国家级自然保护区管理局共同商讨制定了《武夷山生态系统完整性保护落实方案》，为加强联防联保和探索跨行政区管理奠定了良好基础。

“关注森林·探秘武夷”主题科考活动自2018年以来已连续开展了3年，2020年的生态科考活动为闽赣两省首次联合承办，科考队伍从桐木关出发，深入武夷主峰黄岗山原始地带，开展现场考察、布设红外线照相机、回收生态监测设备数据等工作，了解生物多样性及垂直带谱分布状况（图9-10）。闽赣两省深化共建共享、共同推进武夷山自然资源科学管理，共同完成桐木关哨卡后续改造和黄岗山水毁公路维修，在黄岗山区域设置了森林消防器材柜和统一的标识标牌；联合开展两栖动物调查，发现武夷湍蛙、九龙棘蛙、福建掌突蟾等物种；联合开展“爱鸟周”活动、发行武夷山货币文化券、打击猎捕野生动物以及“驴友”擅自入区等专项行动，拦截并劝返“驴友”10批次、50余人次，有力维护了武夷山脉生态系统的完整性。

“从前我家住在武夷山，现在我家住在国家公园里，那感觉，哪能一样呢！”住在武夷山国家公园的原住民自豪地说道。武夷山国家公园不仅是大自然的馈赠，还是历代保护和乡规民约保护的成果。它的创立是武夷山世界文化和自然遗产保护最华丽的升级，不仅提高了武夷山的知名度，而且有效地保护了自然遗产的原真性和完整性。同时，也为在我国南方集体林区建立国家公园探索形成了生态保护和社区发展互促共赢的“武夷山样本”。

图 9-10
2020 年闽赣两省联合开展国家公园生态监测主题科考活动
——科考人员前往黄岗山碳通量塔开展监测研究（摄影：黄海）

第二节　开启新征程

2021年3月，习近平在武夷山国家公园考察时嘱咐“武夷山有着无与伦比的生态人文资源，是中华民族的骄傲，最重要的还是保护好”，并强调要坚持生态保护第一，统筹保护和发展。当前的武夷山，正高举习近平新时代中国特色社会主义思想伟大旗帜，致力于讲好生态故事、发展故事、文化故事、幸福故事，绿色发展潜力不断释放，绿色产业体系更加健全，文旅茶融合发展持续提速，武夷山已从一张

旅游名片变身为全民共享的国家公园生态品牌。未来的武夷山，仍将认真贯彻落实习近平总书记在武夷山调研考察的重要讲话精神，继续讲好“四个”故事，坚持保护第一，积极探索世界遗产保护传承利用的创新之路，强化武夷山文化和自然遗产的整体性和关联性，发挥武夷山“双世遗”品牌优势，为这首山水交响曲谱写下新时代绿色发展的新乐章（图9-11）。

一、呵护生态

生态保护第一，是国家公园的天职。武夷山将进一步健全管护、巡护、防护体

图 9-11　武夷山国家公园（摄影：黄海）

系，持续提升治理和科研监测能力，呵护“高颜值”生态环境。强化科技支撑，升级国家公园智慧管理平台；全面完成国家公园勘界定标工作，规范检查哨卡建设；加大科技巡护投入，打造高水平的巡护队伍，实现管护巡护装备标准化；完善森林防火基础设施，提升森林火灾防控水平，构建完善的林业有害生物监测预警体系，持续增强森林灾害防控能力等。武夷山也将进一步深化对外合作，以国家公园为基地，与国内外科研机构、院校合作，加强科研体系建设，配备必要的监测、实验设备，科学设置研究项目，积极开展常规性科学研究，提高科学研究、资源监测、环境保护等能力。此外，闽赣两省联合保护委员会将进一步密切联系，持续联保联动，坚持共建共享，深化体制改革，继续从“联合保护、联合宣传、联合科研、联合执法、联合创建”五个“联合”上通力合作，加快跨省创建国家公园，有效推动武夷山生态系统的完整性保护（图9-12）。

武夷山将加大理念宣传力度，建设生态游憩导览解说系统，健全公益宣传标识标牌，持续开展科普进校园和“爱鸟周”“野生动物保护宣传月”等主题活动，进一步加强与电视、报纸等主流媒体和网络、App等新媒体合作，深入开展国家公园理

图9-12 专家学者在武夷山国家公园开展生物资源调查（摄影：黄海）

念宣传。同时，武夷山将进一步强化有关从业人员培训教育，提升宣教水平，积极利用地方政府宣教设施，将红色教育、民俗文化、生态体验等项目与国家公园宣教工作相衔接，并建立健全自然博物馆、宣教馆、珍稀植物园、朱熹园、岸上九曲等室内外宣教设施，多层次、广覆盖开展自然教育。

二、发展产业

"点绿成金"是武夷山在国家公园中一项重要探索事项，为进一步实现绿水青山到金山银山的转化，武夷山将加强产业技能培训，继续发展壮大绿色产业，积极支持和引导国家公园周边市县特别是涉及的村庄转产转型，发展生态经济，持续推进生态产业化、产业生态化，实现生态美与百姓富的有机统一（图9-13）。

武夷山将继续推动茶、旅、竹三大非资源消耗型生态产业绿色发展，推动从山水观光游向休闲度假游、从景区旅游向全域旅游、从茶旅结合向全面文旅茶融合的"三个转变"，不断促进经济发展与生态保护的共赢。茶产业是武夷山最具特色的生态产业，未来武夷山将加强与院校合作，加快茶树优良种质资源保护及创新利用、生态茶栽培技术及机械运用、茶产业深加工产品新技术等技术攻关，全面开展现有武夷名丛的栽培、推广、应用，以及茶叶生产、加工、仓储等关键技术研究，促进科技成果转化和推广运用；创新"龙头企业+合作社+基地+农户"模式，探索建立"茶生态银行"，打造农业（茶业）产业化联合体，加快推进茶旅小镇、茶人小镇、茶历史博物馆、八马茶文化研学体验园、生态茶园示范基地、正山茶业综合实践区等一批茶产业重大工程建设，推动茶产业集中集聚发展，加快构建武夷山现代茶产业综合体系；逐步完善建立"智慧茶业"管理信息化平台，建设数字茶产业大数据平台和电子交易平台，发展"数字茶经济"。

三、供给文化

立足武夷山"双世遗"优势，武夷山将充分挖掘文化资源，全面实施文化传承与创新工程，深入挖掘闽越文化、朱子文化、红色文化、茶文化和生态文化等武夷山优

图 9-13 武夷山生态茶园（摄影：黄海）

秀传统文化内涵，精心策划一批更有深度、更有温度、更有力度的宣传报道，讲好武夷山文化故事。

武夷山也将继续提高文化遗产保护管理水平，以网格化方式做好文化遗产保护，导入科技力量，创新性保护，借助3D等科技手段做好文化遗产宣传，并加快规划建设双世遗展示中心、国家公园科普展示馆、茶博物馆等一批文化展示项目落地建设，让武夷山的文化遗产“活起来”。同时，依托武夷山历史文化名城，打造海峡两岸文化融合基地，充分发挥“南平武夷山朱子故里海峡两岸交流基地”的平台优势，进一步开发好丰厚的文化遗产资源，盘活文化存量资产，深化“武夷山—台湾”文化旅游融合发展。

四、增进民生

自2017年开展试点建设以来，武夷山国家公园一直在回答“两套题”，一套叫保生态，另一套叫保民生。改革兴，民兴顺，生态美，百姓富。在国家公园体制试点的四年间，由于国家公园拉动旅游消费，村民的腰包鼓了，公园辖区百姓的获得感、幸福感显著提高，国家公园理念深入人心，绿色、低碳、循环的生活方式逐步形成。

在处理保护和发展的矛盾上，武夷山国家公园做出许多有益尝试，但这依然是个有待深入的课题。未来将进一步推进生态富民产业升级与转型，并加大产业扶持力度；完善生态补偿机制，持续实施生态公益林保护补偿和天然林停伐补助，加大商品林赎买和毛竹林地役权管理力度；探索实施野生动物肇事补偿机制，对野生动物造成农作物或者经济林木损失的，给予损失补偿；督促落实特许经营者主体责任，依法依规对特许经营者实行业态监管等；落实就业引导与培训机制、产业引导机制等若干社区发展机制，完善社区参与机制。同时，持续推进九曲溪上游生态系统保护、黄坑生态环境综合整治、星村至桐木道路改造等项目，实施社区垃圾处理补助，着力改善社区环境设施，提升园内群众出行幸福指数，确实达到增加社区群众的幸福感和获得感（图9-14至图9-16）。

图 9-14　武夷山旧村房屋低矮破旧，居住条件差（武夷山国家公园管理局提供）

图 9-15　武夷山国家公园内新建的村落整洁美观，人居环境得到了极大改善（武夷山国家公园管理局提供）

图 9-16 武夷山雨后桐木村（摄影：姜克红）

参考文献

一、专著

1. 郭沫若.郭沫若闽游诗集[M].福州:福建人民出版社,1979.

2. 世界自然文化遗产武夷山编辑委员会.世界遗产公约自然·文化遗产:中国武夷山[M].合肥:安徽科学技术出版社,1998.

3. 吴邦才.世界遗产武夷山[M].福州:福建人民出版社, 2000.

4. 福建博物馆,福建闽越王城博物馆.武夷山城村汉城遗址发掘报告[M].福州:福建人民出版社,2004.

5. 林治.中国茶话——武夷茶话[M].北京:世界图书出版社,2007.

6. 傅小凡, 谢清果本.朱子理学与武夷山文化[M].厦门:厦门大学出版社, 2008.

7. 于观亭.中国茶经(第二版)[M].北京:外文出版社, 2008.

8. 朱平安.武夷山摩崖石刻与武夷文化研究[M].厦门:厦门大学出版社,2008.

9. 朱水涌.武夷山世界文化遗产的监测与研究[M].厦门:厦门大学出版社,2008.

10. 黄进.武夷山丹霞地貌[M].北京:科学出版社,2010.

11. 萧天喜,主编.武夷山遗产名录[M].北京:科学出版社,2011:256-257.

12. 陈建生.游酢新论:续编[M].福州:海峡文艺出版社, 2013.

13. 崔志勇.宫阙并随烟雾散:墓葬卷[M].北京:北京工业大学出版社,2013.

14. 刘超然,郑丰稔.崇安县新志[M].福州:鹭江出版社,2013.

15. 萧天喜.武夷茶经[M].福州:海峡书局,2014:159.

16. 福建闽越王城博物馆.闽越王城图集[M].福州:海峡书局,2015.

17. 福建省政协文史和学习委员会.亲历福建改革开放40年[M].福州:福建人民出版社, 2018.

18. 祁新华,王袁生.秀甲东南 生态武夷:武夷山生态文明故事[M].福州:福建人民出版社,2019.

19. 杨锐,赵智聪,庄优波.武夷山国家公园与自然保护地群落规划研究[M]. 北京:中国建筑工业出版社, 2019:145.

二、论文集

1. 张建光. Hello! 武夷山[C].福建省政协文史和学习委员会.亲历福建改革开放40年.福州:福建人民出版社, 2018.

三、学位论文

1. 金珍淑.关于陆羽《茶经》中饮茶观点的研究[D].浙江大学,2005.

2. 胡静.世界文化与自然遗产地武夷山风景名胜区理学景观文化时空演变分析[D].福建农林大学,2014.

3. 蔡少辉.福建茶区茗茶信俗研究[D].福建师范大学.2018.

四、报告

1. 江西省铅山县委、铅山县人民政府.关于江西铅山武夷山列为世界文化与自然遗产的工作报告(送审稿)[R].2017.

2. 江西省铅山县委、铅山县人民政府.参加第41届世界遗产大会工作报告[R].2017.

五、期刊文章

1. 李见贤.广东省的地貌类型[J].中山大学学报,1961,6(4): 70-81.

2. 陈椽,杨晓华.武夷茶三起三落 武夷茶起源考证[J].广东茶叶科技,1984(04):4-10.

3. 何黎明,陆景冈.山地古红土的发生学特性及其研究意义[J].土壤通报,

1991,22(5): 193-196.

4. 潘火庆,闽茶史话[J].农业考古,1992(04)10-211+203.

5. 黄贤庚.乌龙茶起源于武夷山原由初探[J].农业考古,1999,18(02):245-247.

6. 何东进,洪伟,胡海清,等.武夷山风景名胜区景观空间格局变化及其干扰效应模拟[J].生态学报,2004(08):1602-1610.

7. 宋永昌,陈小勇,王希华.中国常绿阔叶林研究的回顾与展望[J].华东师范大学学报(自然科学版),2005,50(01):1-8.

8. 陆景冈,吴建军,赵东,唐根年.我国古红土与茶叶生长[J].茶叶科学,2006,269(2):87-90.

9. 王海津,潇桦.重走晋商万里茶路走进武夷山(下)[J].旅游纵览,2007,26(02):8-13+15-22+24-29.

10. 朱平安.从武夷山摩崖石刻看朱熹的生态思想[J].合肥学院学报(社会科学版),2008(04):51-56.

11. 朱平安.武夷山摩崖石刻的基本特征及其解读方法[J].黄山学院学报,2008,10(06):41-46.

12. 李灵,张玉,谢妤,江慧华,俞建安,周艳.武夷山九曲溪水环境质量因子时空动态研究[J].三峡大学学报(自然科学版),2009,31(03):89-94.

13. 丁海祥,高绍萍,赵福凤.福建闽越王城博物馆主题陈列和馆藏精品文物介绍[J].福建文博,2011,39(01):57-62.

14. 丁海祥.城村汉城遗址主要考古遗迹[J].福建文博,2011(01):15-18.

15. 欧阳杰,黄进.中国丹霞地貌空间分布的探讨[J].地理空间信息,2011,9(06):55-56+59+3.

16. 支荣慧.武夷山摩崖石刻赏析[J].书法,2011,34(04):70-71.

17. 宾娟.武夷山:作为“文化景观”的历史演变[J].大众考古,2014,2(10):74-81.

18. 胡静,游巍斌,何东进,俞建安,陈炳容,王磊,郑晓燕,颜欢欢.武夷山风景名胜区摩崖石刻时空分布特征研究[J].福建农林大学学报(哲学社会科学版),2014,17(02):71-76.

19. 刘秀萍.朱熹在武夷山史迹考[J].福建文博,2014(02):40-44.

20. 丁晖,方炎明,杨青等.武夷山中亚热带常绿阔叶林样地的群落特征[J].生物多样性,2015,23(04):479-492.

21. 黄进,陈致均,齐德利.中国丹霞地貌分布(上)[J].山地学报,2015,33(04):385-396.

22. 赖长奇.论朱子理学与社会主义核心价值观大众化[J].赤子(上中旬),2015,14(21):91-94.

23. 胡倩.《九曲棹歌》及其历代和、仿作之比较研究[J].西安石油大学学报(社会科学版),2016,25(02):75-82.

24. 曹南燕.集体智慧的结晶——武夷山申报世界文化与自然遗产纪实[J].武夷山:《武夷山》杂志社, 2019:29.

25. 邓崇新.申报世遗的“惊与喜”[J].武夷山:《武夷山》杂志社, 2019:29.

26. 郭旃.光荣的申报永恒的功德[J].武夷山:《武夷山》杂志社, 2019:29.

27. 阮雪清.漫长艰辛的申报历程——武夷山申报《世界双遗产》成功纪实[J].武夷山,2019:29.

28. 徐恩华.万众一心铸“金牌” [J].武夷山:《武夷山》杂志社, 2019:29.

29. 杨佳,郑子成,李廷轩.不同植茶品种土壤团聚体及其全铝和交换态铝的分布特征[J].农业环境科学学报, 2019,38 (3) :583-589.

30. 杨建华.雪泥鸿爪忆世遗[J].武夷山:《武夷山》杂志社, 2019:29.

31. 祝铭森.试论如何做好闽越王城遗址保护工作[J].文物鉴定与鉴赏,2019,9(01):162-163.

32. 陈平,洪婉艺.论九曲溪摩崖石刻的补史价值:补官员游览资料[J].怀化学院学报,2020,39(01):82-85.

33. 方彦寿.“道南理窟”与道学南移[J].朱子文化,2020(03):21-26.

34. 习近平.建设中国特色中国风格中国气派的考古学 更好认识源远流长博大精深的中华文明[J].求是,2020(23):4-9.

六、析出文献

1. 黄胜科.朱熹与武夷山摩崖石刻[A].福建省闽学研究会.朱熹与武夷山学术研

讨会专辑论文集[C].福建省闽学研究会:福建省闽学研究会,2004:4.
2. 彭华,赵飞.浅论丹霞地貌类旅游区的文化开发[A].中国地理学会.地貌·环境·发展——2004丹霞山会议文集[C].中国地理学会:中国地理学会,2004:6.

七、其他文献

1. 武夷山风景名胜区旅游管理服务中心.武夷山申遗历程——道祖且长 行则将至[Z].碧水丹山纪念特刊,2020:68.
2. 武夷山风景名胜区旅游管理服务中心.武夷山申遗历程——道祖且长 行则将至[Z].碧水丹山纪念特刊,2020:70.

附录 申遗大事记

◉ 1993年3月，武夷山市政府办公会上提出“世界有个遗产叫世界文化和自然遗产，若能申报成功，则武夷山走向世界大有希望”。武夷山市政府当即组建工作小组展开申报世界遗产工作，得到各职能部门与景区管理部门的积极响应。工作小组以此为契机，开始全面的学习考察与前期筹备工作。

◉ 1993年5月，工作小组编写了第一份申报文件，赴北京向中国联合国教科文组织全国委员会和建设部汇报。虽然结果不尽如人意，但工作小组深入了解了世界遗产的价值与严格的申请程序，准确研判了武夷山申遗的优劣势。

◉ 1994至1995年，工作小组一方面提升景区的管理建设和申报国家级文物保护单位的工作，另一方面积极联络等待列入预备清单。

◉ 1994年9月30日，《武夷山》（1994-13）特种邮票正式发行。该邮票由邹建军设计，是一套四连张票，票面值各为0.5元，分别展现了武夷山玉女峰、武夷山九曲溪、武夷山挂墩和武夷山草甸的风貌，为武夷山申遗造势。

◉ 1995年12月，峨眉山、庐山于1995年成功提交申遗文本的消息传来，这对于工作小组来说无异于一记醒雷。武夷山市委、市政府立即召开会议，明确全力申报世遗，同时成立申报“世遗”工作委员会。

◉ 1996年1月12日，武夷山当地政府和景区第二次向国家提出申遗申请，并邀请专家赴武夷山开会与考察。

◉ 1996年4月，在武夷山召开的“全国风景名胜区保护管理工作研讨会”标志着武夷山争取列入申遗预备清单的开始。

◉ 1996年9月，武夷山市政府抽调8位同志成立“世遗”申报办，着手征集资料，开始申报文本的编写工作。

◉ 1997年6月，武夷山被列入全国五十多个申遗预备清单之一，并报世界遗产中心备案。

◉ 1997年10月，新一版申报材料整理完便立刻提交建设部、联合国教科文组织、国家文物局和国务院办公厅秘书三局。1997年12月，经研判后一致同意武夷山作为1998年的申报单位，并同意次年1月份派专家到武夷山考察指导。

◉ 1998年2月，专家团赴武夷山考察指导工作，专家们提出了系列问题及建议，其中一个重大决策就是把保护区列入申报范围一同申报。

◉ 1998年3月，武夷山申报工作委员会会议上明确整合景区、保护区、古汉城三个区域，共同申报“世遗”。相关领域专家再次进驻武夷山，开始修改、补充申报文本。

◉ 1998年6月，请示件先后经时任副总理温家宝、钱其琛、李岚清，朱镕基总理圈批后，中国正式行文给联合国教科文组织总部，郑重地向联合国教科文组织世界遗产委员会发出书面申请，正式推荐武夷山列入《世界文化和自然遗产名录》。与此同时，两套厚重翔实的中英文申报文本送达联合国教科文组织世界遗产委员会。

◉ 1998年7月28日，武夷山召开总动员大会，对“申遗”各项工作进行周密部署，具体包括：(1) 将申报区内村民全部迁出安置到区外，拆除23个公建单位；(2) 区域内三线（电话线、电力线、广电线）全部落地；(3) 区域内绿化、美化、花化，做到黄土不见天；（4）所有的文物景点修旧如旧；（5）按国际标准要求整修区内游览道和护栏；（6）所有标识标牌标准化，并用中英文对照；（7）修建环景区公路（高星公路），玉女峰旁运排道改道；（8）闽越王城建博物馆；（9）6个展馆重新修复布馆（朱熹纪念馆、武夷山博物馆、武夷精舍、保护区自然博物馆、星村九曲码头服务中心影视馆、遇林亭窑址）。

◉ 1998年8月9日，武夷山市委、市政府再次召开大规模总动员大会，在原有申报工作委员会基础上成立申遗整治工作总指挥部，下设13个小组。武夷山市委书记、市长和13个工作小组组长及6个重点乡镇、场领导签订责任状，制定工作计划，各责任小组夜以继日、有条不紊地开展各项工作。

◉ 1998年9月，联合国世界遗产协调员亨利·克利尔先生考察武夷山，并针对环境整治存在的问题提出了明确建议。

◉ 1999年3月，世界自然保护联盟专家莱斯利·莫洛伊来到中国，代表联合国教科文组织世界遗产委员会对武夷山进行了为期4天（3月30日至4月2日）的实地考察，考察线路涵盖黄岗山、九曲溪、天游峰、武夷宫和古汉城遗址。莫洛伊先生对申报文本、武夷山的遗产价值和保护管理水平给予很高评价。

◉ 1999年4月1日，武夷山市市长致信亨利·克利尔博士，将武夷山文化遗产和自然遗产方面的整治情况作了书面介绍。

◉ 1999年5月底至6月初，武夷山市政府领导一行专赴巴黎，向世界遗产委员会和中国驻联合国教科文组织代表团专题汇报武夷山申报工作情况。

◉ 1999年7月，联合国教科文组织世遗中心主席团在巴黎召开初审会，要求武夷山把城村闽越王城暂且不报或补充材料再议。会后，相关工作组为申报的双语文本补充了大量材料。

◉ 1999年11月，时任国家文物局专家郭旃处长致信世界遗产委员会，详细阐述武夷山城村闽越王城文化遗产的价值。与此同时，闽越王城博物馆也已建好并布馆。经过不断的沟通和材料补充，国际古迹遗址理事会最终同意推荐。

◉ 1999年11月27日至12月3日，联合国教科文组织世遗委员会第23次会议在摩洛哥召开。摩洛哥当地时间12月1日10:05（北京时间1999年12月1日傍晚6:18），开始武夷山的评审，戴维、亨利两位协调员分别代表两个组织汇报，执行主席就武夷山自然与文化双遗产连问三遍，会议代表均无异议，一致通过武夷山列入双世遗。

◉ 2000年6月22日，联合国教科文组织世界遗产委员会在北京人民大会堂正式向武夷山颁发“世界文化和自然遗产”证书。

◉ 2014年11月，江西省铅山县联合吉安市、井冈山市启动了“北武夷山—井冈山”申报世界文化和自然遗产（福建武夷山拓展项目）。江西省、上饶市、铅山县三级联动，有序推进武夷山拓展申遗工作。

◉ 2015年5月19日，“北武夷山”申报世界文化和自然遗产工作领导小组成立。

◉ 2015年7月8日，在德国波恩召开的第39届世界遗产大会上，“北武夷山—井冈山（武夷山拓展项目）”被联合国教科文组织正式列入世界遗产预备名录。

◉ 2015年9月18日，江西“武夷山—井冈山”申遗工作领导小组正式向住建部递交申遗正式文本，并报请住建部审批。

◉ 2015年9月30日，《武夷山—井冈山世界遗产提名地保护与管理规划》（铅山片区）批复实施。

◉ 2016年1月6日，国家住建部、国家文物局、中国联合国教科文组织全国委员会均确认武夷山（江西铅山）拓展申遗项目列入世界遗产预备名录继续有效。

◉ 2016年3月25日至27日，国家住建部世界遗产专家委员会会议在铅山召开，专家们实地考察并建议走“边界微小调整”的技术路径。

◉ 2016年7月3日，江西省人民政府办公厅向国家住建部办公厅报送《关于武夷山（江西铅山）申报世界自然与文化双遗产的函》。

◉ 2016年11月28日，武夷山世界遗产地边界调整文本国际专家论坛会在北京召开。

◉ 2017年1月，中国正式向联合国教科文组织递交了《武夷山边界微小调整报告》。

◉ 2017年3月1日，世界遗产中心指出："武夷山世界遗产地边界调整项目满足遗产公约操作指南的全部要求，特此证明，已将申报书交由世界自然保护联盟和国际古迹遗址理事会并会在今年世界遗产大会审议。"

◉ 2017年6月，世界遗产评估机构对江西铅山武夷山申遗项目进行评估。世界自然保护联盟表示认可，同意推荐。

◉ 2017年7月2日至9日，在波兰克拉科夫举行的第41届世界遗产大会上，中国向大会提交了武夷山边界调整方案。

◉ 2017年，波兰当地时间7月9日19时10分（北京时间7月10日凌晨1时10分）第41届世界遗产大会一致审议通过《武夷山边界微小调整报告》。至此，世界文化和自然遗产地武夷山从福建省扩展到江西省。

◉ 2017年7月18日，福建省武夷山市和江西省铅山县正式签订《武夷山世界遗产保护与利用战略合作框架协议》，并举办江西铅山武夷山申遗成果发布暨旅游推介会。双方协定建立全方位合作机制，共同管理保护、共同科研开发、共同宣传推广、共同规划发展，共同维护武夷山文化和自然遗产的真实性、完整性，实现更高水平的保护发展。

关键词索引

后记

1999年，武夷山被联合国教科文组织列入《世界遗产名录》的世界文化和自然双遗产，成为我国四个世界文化和自然遗产之一。2016年6月，国家发展改革委批复《武夷山国家公园体制试点区试点实施方案》，武夷山国家公园体制试点正式启动实施。武夷山进入国家公园时代，成为我国目前唯一一个地处世界文化和自然遗产地的国家公园体制试点区。2021年3月，习近平总书记踏访武夷山，由衷赞许武夷山："武夷山有着无与伦比的生态人文资源，是中华民族的骄傲，最重要的还是保护好。"并强调要坚持生态保护第一，统筹保护和发展，有序推进生态移民，适度发展生态旅游，实现生态保护、绿色发展、民生改善相统一。

武夷山遗产地建设与发展承载着历史的发展脉络，承载着文化自信，充分展示五千年中华文明和中国特色社会主义制度优越性。多年来，各级各部门投入了大量的人力物力，武夷山遗产地保护工作取得了显著成效，更加彰显了世界遗产的突出价值。但是随着经济社会发展，遗产保护也迎来新的挑战和机遇。为了让读者深刻了解武夷山申报世界遗产的意义和目的，感受自然造化神奇，领略武夷山历史文化魅力，自觉守护好、宣传好武夷山"双世遗"品牌，让武夷山走向世界，2021年，中宣部文艺局联合教育部（联合国教科文组织全国委员会）、国家文物局、国家林草局共同决定共同推出"中国的世界遗产"丛书，本书为丛书最早出版的图书之一。

我与武夷山很有缘。1983年9月，我在福建省林业厅工作时，陪同云南省林业厅的同志来到崇安（今武夷山市）考察调研林业工作。那时，我就被武夷山的秀美山水、美丽传说所吸引。1990年6月，我和同仁们来到福建武夷山国家级自然保护区开展保护区经营方案编制调研工作，深入到保护区腹地和当地社区开展调查，让我对保护区有了一些了解。1992年8月，海峡两岸保护野生动物学术研讨会在保护区举行，参加这一活动让我深刻体会到武夷山生物多样性在全球的重要地位和独特价值。1993年7月，我调任福建武夷山国家级自然保护区管理局，主持管理局工作。推动保护区灾后重建，开展资源调查，加强保护管理，推进社区共管、发展生态旅游等。1994年9月，我和时任武夷山市政府副市长阮雪清同志一起推动《武夷山邮票》的发行，扩大武夷山的影响，提升武夷山的知名度。1995年5月，我与江西武夷山自然保护区联手，推动世界银行全球环境基金（GEF）自然保护区管理项目实施，这些工作为武夷山申遗打下了基础。1996年10月，我调回福建省林业厅工作后，由于工作的原因，我要常到武夷山调研、考察，也有幸成为武夷山申遗的见证者；自2015年武夷山启动国家公园试点工作以来，我参与了武夷山国家公园试点的创建工作，并一直关注着武夷山国家公园试点建设进展。可以说，对武夷山的山山水水、一草一木，我都记忆深刻，深有感情。因此，当接到编撰该书任务时，我欣然接受。尽管已有许多介绍武夷山遗产地的书籍、刊物可参考，但大多数的出版物只是从某个角度、某个主题加以介绍阐述，资料比较零散，同时，因时间久远，很多素材已经缺失，因此，我和团队要短时间内编撰好这本书，面临巨大挑战。

为能按时完成《中国的世界遗产——武夷山》一书，我和团队争分夺秒、加班加点、日夜奋战推进编撰工作。一是实地调研及文献资料收集。为进一步掌握武夷山文化和自然遗产情况、保存现状，团队多次深入武夷山开展全面调查统计，并专程拜访、请教当年参与武夷山申报世界遗产工作的主要成员，详细了解武夷山申报世界遗产的艰辛历程。同时，团队还对现场收集的各类基础资料、生物数据、文史资料等进行了详细整理与研究，包括遗产地各类规划成果的解读、相关文史资料的研究、相关数据资料的整理，等等。二是积极与有关部门深入沟通。我和我的团队先后与福建省林业局、武夷山国家公园、南平市、武夷山市等有关部门进行沟通对接，充分听取遗产地基本情况的介绍，力求真实、全面掌握遗产地基础信息。我和团队先后组织十余次编撰工作会议，对编撰大纲、文稿内容等进行深入研究探讨，对任务安排进行精心布置，确保保质保量完成任务。

本书是在既有研究基础上，吸收了许多相关研究的最新成果编撰完成的，是团队同人们集体智慧的结晶。全书的总体构思、框架制定、定稿等主体工作由我牵头完成，福建师范大学祁新华教授和福建农林大学董建文教授负责统稿。第一章“遗产概览”由福建农林大学陈白璧教授、廖凌云副教授撰写；第二章“碧水丹山 形胜东南”由福建农林大学朱里莹博士撰写；第三章“物华天宝 珍稀多样”由福建农林大学林文俊博士撰写；第四章“闽越文化 汉风千年”由福建农林大学罗贤宇博士撰写；第五章“朱子桑梓 理学之光”由福建农林大学修新田博士以及杨梦琪撰写；第六章“木中仙子 武夷茶话”由福建农林大学池梦薇博士撰写；第七章“摩崖石刻 艺术瑰宝”由福建农林大学王敏华讲师撰写；第八章“申遗之路 保护同行”由福建师范大学祁新华教授、福建农林大学廖凌云副教授、福建工程学院沈员萍副教授和傅田琪撰写；第九章“国家公园 新态新篇”由福建农林大学廖凌云副教授、范少贞和武夷山国家公园管理局张惠光撰写；“申遗大事记”由福建农林大学廖凌云副教授撰写。福建省林业局黄海、武夷山国家公园管理局徐自坤、刘达友等同志负责本书的图片内容，福建省摄影家协会郑友裕老师提供了大量精美图片。福建农林大学吴元晶、李毓菲负责本书手绘图的绘制工作。福建农林大学阙晨曦博士，潘明慧、张雪、刘铠宇、傅田琪、滕琳曦、翁爱芳、侯文炜、邹咏忱、林翠泽、贾珍珍、王艺筱等研究生在资料收集、整理、文字校对等方面做了大量工作，付出了辛苦劳动。

在此特别感谢北京大学陈耀华教授、武弘麟教授，国家林草局保护地司罗颖同志对本书编撰提出指导性的意见；特别感谢第四届南平市政协主席张建光、武夷山市政府原副市长阮雪清同志提供大量珍贵历史资料；感谢武夷山国家公园管理局林雅秋局长、林贵民常务副局长；感谢江西省野生动植物保护中心涂晓斌主任、龚黄莎同志；感谢铅山县林业局邱萍英、高博同志，本书的许多图片和文字资料都来源于他们多年的宝贵积累；感谢厦门大学朱人求教授、和溪同志，福州大学武昕同志，东南卫视林宇对本书的相关研究给予的指导；感谢福建农林大学林文钦、沈必胜、傅超波、邹夏梦、黄坚、章迪杨、林蔚同志和英国谢菲尔德大学庄勋桐同志提出的许多宝贵意见和倾情相助；感谢福州知名寿山石雕刻师许明武同志提供了精美的“山水武夷”寿山石篆刻作品；感谢人民出版社总编辑辛广伟同志，人民东方出版传媒有限公司总编辑孙涵同志、项目编辑中心主任朱江同志、编辑王委同志，福建人民出版社总编辑刘亚忠同志、编辑部主任李文淑同志、编辑孙颖和周越进同志为此书出版给予大力支持。

在这里我还要特别感谢中国工程院院士、北京林业大学教授尹伟伦的指导并为此书作序。本书编写过程中，我们还得到了福建省林业局、武夷山国家公园管理局、南平市委市政府、武夷山市委市政府、江西武夷山国家级自然保护区管理局、江西省野生动植物保护中心、铅山县林业局有关领导和同人们的关心和大力支持，在此一并向他们表示诚挚的谢意。书中部分内容参考借鉴其他作者或引用公开发表的图片和文字，未能一一注明作者，在此一并感谢并致以歉意。

在编写过程中，我们力求文字通俗易懂，内容深入浅出，并且图文并茂，集思想性、学术性、可读性于一体，希望本书成为广大读者了解武夷山世界遗产，感悟武夷山世界文化和自然遗产魅力的科普读物，成为广大自然保护地领域研究专家和实践工作者的重要参考书。由于时间仓促，知识水平有限，书中错漏缺点难免，恭请读者指正！

兰思仁

武夷山国家公园研究院首席专家

福建农林大学校长、教授、博导

2021 年 6 月 12 日于福建农林大学

项目统筹:孙　涵　朱　江
责任编辑:王　委
特约编辑:曹昌虹
设计指导:王　刚
装帧设计:王　硕　李言伟　丁祥馗
责任校对:刘越难　金学勇

图书在版编目(CIP)数据

武夷山 / 兰思仁等 编著 . — 北京 : 人民出版社 ,2023.8
(中国的世界遗产)
ISBN 978-7-01-023582-0

Ⅰ . ①武… Ⅱ . ①兰… Ⅲ . ①武夷山—介绍 Ⅳ . ① K928.3

中国版本图书馆 CIP 数据核字 (2021) 第 132712 号

武夷山
WUYISHAN
兰思仁等 编著

人民出版社　福建人民出版社　出版发行
(100706　北京市东城区隆福寺街 99 号)
涿州市荣升新创印刷有限公司　新华书店经销
2023 年 8 月第 1 版　2023 年 8 月北京第 1 次印刷
开本: 787 毫米 × 1092 毫米　1/16　印张: 19
字数: 239 千字
ISBN 978-7-01-023582-0　定价: 139.00 元
邮购地址 100010　北京市东城区朝阳门内大街 166 号
人民东方发行中心　电话 (010) 85924663　85924644　85924641